Sicher ist sicher. Bei aller Sorgfalt, die wir in der Recherche haben walten lassen, können sich Öffnungszeiten auch einmal kurzfristig ändern, oder ein Lokal ist gerade in Ihrer perfekten Woche im Berliner Umland ausgebucht oder geschlossen. Darum empfehlen wir, grundsätzlich möglichst weit im Voraus zu reservieren. Ein kurzer Anruf genügt, und Sie können sicher sein, zur vereinbarten Zeit einen Platz zu finden.

© Süddeutsche Zeitung GmbH, München
für die Süddeutsche Zeitung Edition
in Kooperation mit smart-travelling print UG, Berlin
Reihe „Eine perfekte Woche ..."

Konzept und Redaktion: Nancy Bachmann, Nicola Bramigk
Projektleitung: Sabine Sternagel, Projektmitarbeit: Hanna Heim
Coverkonzept: Stefan Dimitrov, Lena Mahr
Gestaltung und Illustration: Cindy Bachmann, Vi Vu Hua
Texte: Karolin Langfeldt
Fotos: Nicola Bramigk, Luise Müller-Hofstede, Gutshaus Kraatz (S. 114-117)
Lektorat: Jens Markowsky
Reinzeichnung: Daniela Mecklenburg
Herstellung: Thekla Licht, Hermann Weixler
Druck und Bindung: Kessler Druck + Medien, Bobingen
ISBN: 978-3-86497-285-0

1. Auflage 2015

# SMART TRAVELLING

## EINE PERFEKTE WOCHE ... BERLINER UMLAND

www.smart-travelling.net

# LIEBLINGSADRESSEN IM BERLINER UMLAND

RUPPINER SEENLAND
Seite 13

**❶** Restaurant/Café:
Kleines Haus
Nauener Straße 58, 16833 Linum
Tel: 0049 (0)33922 90855
Seite 15

**❷** Café/Aktion:
Karolinenhof
16766 Kremmen/Flatow
Tel: 0049 (0)33922 60190
Seite 19

**❸** Hotel/Restaurant/Bar:
Café Constance
Hohes Ende 4, 16818 Wustrau
Tel: 0049 (0)33925 70676
Seite 25

**❹** Hotel/Restaurant/Aktion:
Fontane Therme
Seepromenade 20-21, 16816 Neuruppin
Tel: 0049 (0)3391 40350
Seite 31

**❺** Hotel/Restaurant:
Gut Hesterberg
Gutsallee 1, 16818 Neuruppin
Tel: 0049 (0)3391 70060
Seite 37

# LIEBLINGSADRESSEN IM BERLINER UMLAND

**6** Restaurant/Aktion:
Gasthaus Hacker
Seestraße 42, 16818 Neuruppin
Tel: 0049 (0)33929 70258
Seite 43

**7** Restaurant:
Kornspeicher Neumühle
Neumühle 3, 16827 Neuruppin
Tel: 0049 (0)3391 75150
Seite 47

**8** Aktion:
Großer Stechlinsee
Neuglobsow, 16775 Stechlin
Tel: 0049 (0)33082 70422
Seite 53

**9** Hotel/Restaurant:
Kavaliershaus Finckenersee
Hofstraße 12, 17209 Fincken
Tel: 0049 (0)39922 82700
Seite 59

**10** Hotel/Restaurant:
Mühle Tornow
Neue Straße 1, 16798 Fürstenberg
Seite 65

**11** Café/Bar/Aktion:
Die Insl
Seestraße 118, 16866 Kyritz
Tel: 0049 (0)179 2199908
Seite 71

# LIEBLINGSADRESSEN IM BERLINER UMLAND

**12** Hotel:
Wehrmühle Biesenthal
Wehrmühlenweg 8, 16359 Biesenthal
Tel: 0049 (0)151 27575569
Seite 79

AUF DEM WEG NACH
MECKLENBURG-
VORPOMMERN
Seite 85

**13** Restaurant/Café:
Gut Rensow
17168 Rensow
Tel: 0049 (0)39972 56288
Seite 87

**14** Restaurant:
Gutshaus Wesselstorf
Dorfstraße 21, 18195 Wesselstorf
Tel: 0049 (0)38205 68902
Seite 99

**15** Hotel:
Wildkräuterhotel
Dorfstraße 20, 18195 Stubbendorf
Tel: 0049 (0)38228 61410
Seite 105

**16** Restaurant/Hotel:
Remise
Dalwitz 44, 17179 Walkendorf
Tel:0049 (0)39972 56856
Seite 111

# LIEBLINGSADRESSEN IM BERLINER UMLAND

**17** Hotel/Restaurant:
Gutshof Kraatz
Schloßstraße 7, Nordwestuckermark
Tel: 0049 (0)39859 63976
Seite 115

SEENLAND ODER-SPREE
Seite 119

**18** Restaurant/Café:
AS am See
Seestraße 9, 15526 Bad Saarow
Tel: 0049 (0)33631 599244
Seite 121

**19** Hotel:
Villa Contessa
Seestraße 18, 15526 Bad Saarow
Tel: 0049 (0)33631 58018
Seite 133

**20** Aktion:
Kloster Neuzelle
Stiftsplatz 7, 15898 Neuzelle
Tel: 0049 (0)33652 8140
Seite 141

**21** Hotel/Restaurant/Café:
Gut Klostermühle
Mühlenstraße 11, 15518 Briesen
Tel: 0049 (0)33607 59290
Seite 147

# LIEBLINGSADRESSEN IM BERLINER UMLAND

**22** Hotel/Restaurant/Café:
Kaisermühle
Forststraße 13, 15299 Müllrose
Tel: 0049 (0)33606 880
Seite 155

## HAVELLAND, FLÄMING UND SPREEWALD
Seite 159

**23** Hotel/Restaurant:
Hotel zur Bleiche
Bleichestraße 16, 03096 Burg
Tel: 0049 (0)35603 620
Seite 161

**24** Café:
Eiscafé Urban
Hauptstraße 39, 03096 Burg
Tel: 0049 (0)35603 448
Seite 171

**25** Hotel/Restaurant:
Kolonieschänke
Ringchaussee 136, 03096 Burg
Tel: 0049 (0)35603 6850
Seite 175

**26** Hotel/Restaurant/Café:
Zum Grünen Strand der Spree
Dorfstraße 53, 15910 Schlepzig
Tel: 0049 (0)35472 6620
Seite 179

☞ Weitere Adressen finden Sie unter www.smart-travelling.net

**27** Aktion:
Gurken- und Paddeltour
Seite 183

**28** Café:
Kornspeicher Straupitz
Kirchstraße 12, 15913 Straupitz
Tel: 0049 (0)35475 804709
Seite 191

**29** Restaurant:
Wildschweinbäckerei
Beelitzer Str. 68, 14548 Schlielowsee
Tel: 0049 (0)33209 70626
Seite 195

**30** Restaurant/Café:
Kochzimmer Beelitz
Berliner Straße 195, 14547 Beelitz
Tel: 0049 (0)33204 709366
Seite 199

**31** Hotel:
Storchenhof Paretz
Werderdammstraße 12, 14669 Paretz
Tel: 0049 (0)33233 73710
Seite 203

GUT ZU WISSEN
Tipps, Ausflüge,
Spaziergänge
Seiten 209-240

# BERLINER UMLAND

Lange Zeit war der Großteil der Berliner isoliert von der sie umgebenden Landschaft. Der Spreewald mit seinen hunderten von kleinen Kanälen, die Seenlandschaft Mecklenburg-Vorpommerns, die undurchdringlichen Wälder, die sich zur polnischen Grenze hinziehen, waren unerreichbar für Teile der deutschen Bevölkerung. Auch nach der Wende, die nunmehr 25 Jahre zurückliegt, trauen sich die Westdeutschen nur langsam in das Land, das Fontane, Kleist und Schinkel zu Meisterwerken inspirierte. Dabei hat das Berliner Umland soviel zu bieten und weist eine landschaftliche Vielfalt, ökologischen Reichtum und streckenweise eine Unberührtheit auf, wie sie nur noch selten in Deutschland zu finden ist. Dazwischen entstehen immer mehr kleine Oasen, die locken, diesen noch so unentdeckten Landstrich zu erkunden: Wellness-Träume in alten Scheunen, Feinschmecker-Paradiese in ehemaligen Mühlen, romantische Get-Aways in herrschaftlichen Gutshäusern und Saunen an glasklaren Seen – das alles liegt in Berlins unmittelbarer Umgebung. Unsere perfekte Woche im Berliner Umland führt Sie entlang atemberaubender Alleen durch den Spreewald, das Dahme-Seeland, die Ruppiner Seenlandschaft, das Havelland bis hoch nach Mecklenburg-Vorpommern. Doch die Tage einer Woche sind gezählt, weswegen Potsdam außen vor bleibt. Die Brandenburger Landeshauptstadt mit ihren zahlreichen Schloss- und Parkanlagen ist ein eigenes Buch wert. Ähnlich wie Berlin ist auch das Land, das es umgibt, noch im Werden begriffen. Ständig eröffnet etwas Neues oder etwas Altes verändert sich. Die Perfektion dieser Region liegt im Unfertigen – das zu neuen Ideen inspiriert und Platz zum Denken lässt.

# RUPPINER SEENLAND

Nur wenige Kilometer nördlich von Berlin beginnt das Ruppiner Seenland. Es zieht sich von Oranienburg über Neuruppin bis hinter Rheinsberg und ist die wasserreichste Region Brandenburgs. Mehr als 170 Seen und über 2000 Kilometer Wasserwege durchziehen die grünen Wälder, saftigen Weiden und goldenen Felder. Im Norden der Region befindet sich die Ruppiner Schweiz mit tiefen Schluchten, mystischen Hochmooren und einem wilden, dunklen Wald. Das Seenland lädt zum Wandern, Radfahren und zu Entdeckungstouren mit dem Kanu und anderen Wassersportarten ein. Nicht nur Gäste aus aller Welt zieht die Natur im Norden Berlins an, auch Tausende von Kraniche statten jedes Frühjahr und Herbst der Region für mehrere Wochen einen Besuch ab. Sie sammeln sich hier auf den abgeernteten Feldern, um gemeinsam in den Süden aufzubrechen bzw. zusammen in den Norden zurückzukehren. Außerdem bietet die ursprüngliche Landschaft zahlreichen weiteren seltenen Tier- und Pflanzenarten einen Lebensraum. Doch das ist nur die eine Seite, neben seiner atemberaubenden Natur hat das Ruppiner Seenland eine außergewöhnliche Dichte an kulturellen Sehenswürdigkeiten, wie das preußische Schloss Rheinsberg, dem Kurt Tucholsky in seinem literarischen Werk ein Denkmal setzte, Neuruppin, den Geburtsort Karl-Friedrich Schinkels und Theodor Fontanes, dessen frühklassizistische Altstadt zu den schönsten Brandenburgs zählt, oder Wustrau, den Ort in dem Fontane seine berühmten Wanderungen durch die Mark Brandenburg begann. Die Kombination aus Natur und Kultur wird abgerundet mit einer stetig wachsenden Anzahl von kleinen, aber feinen Restaurants, Bio-Höfen und exquisiten Käsereien sowie Mostbetrieben.

Hotel Restaurant Café Bar Aktion // Interview Wissenswertes Rezept

# KLEINES HAUS

Maximal aus einem Umkreis von 100 km – das ist das Motto von Frank Buthmann, Koch und Eigentümer des Kleinen Hauses in Linum. Doch am liebsten mag er es, wenn die Produkte von noch näher herstammen, wie der Apfelsaft aus der benachbarten Mosterei oder der Mozzarella aus dem zehn Minuten entfernten Kremmen. Die Karte des Restaurants ist sehr übersichtlich mit zwei bis drei Hauptgerichten und einigen Vorspeisen. Dafür wird alles frisch zubereitet, ist saisonal, regional und köstlich. Frank Buthmann gehört mit zu den besten Köchen Brandenburgs. Seine Gäste reisen aus Berlin und auch schon mal aus Hamburg an, um seinen marinierten Schweinebraten vom Mangalitza mit rohem Butternutkürbis oder die Haxe vom Ruppiner Weidelamm mit Spitzkohl und Pfifferlingen zu probieren. Als Vorspeise gibt es, je nach Saison, Raffinessen wie z.B. einen lauwarmen Salat von Pfifferlingen und Pflaumen mit Kremmener Bocconcini. Wie der Name schon verrät, sind die Plätze im Kleinen Haus begrenzt. Auf der Terrasse vor dem Haus haben vier Tische Platz und in dem Innenraum vielleicht die doppelte Anzahl. Die alten, dunklen Balken, das Holzmobiliar und die Tafeln, die das Wochenangebot preisgeben schaffen eine gemütliche Atmosphäre. Auch am Nachmittag lohnt sich ein Besuch, denn der Kuchen wird nach alten Familienrezepten gebacken und anscheinend wusste Familie Buthmann schon immer, was schmeckt.

**1** Kleines Haus  Adresse: Nauener Straße 58, 16833 Linum
Tel: 0049 (0)33922 90855  Internet: www.kleineshaus-linum.com
Öffnungszeiten: Mittwoch – Donnerstag 11.00 – 18.00 Uhr,
Freitag – Sonntag und Feiertage 11.00 – 21.00 Uhr

Hotel  Restaurant  Café  Bar  Aktion  //  Interview  Wissenswertes  Rezept

# KAROLINENHOF

Vorbei an Kuhweiden, Gänseställen, durch dicht begrünte Alleen und über huckelige Pisten führt der Weg zu Gela Angermann und ihren Ziegen. Mitten auf dem Brandenburger Land hat sich die Süddeutsche zusammen mit ihrem Mann vor mehr als zwanzig Jahren einen Traum verwirklicht und ihre Ziegenkäserei mit dazugehörigem Hofladen eröffnet. Mittlerweile ist der Betrieb auf 130 Ziegen angewachsen, plus ein paar Ponys, Esel und einem Wiesencafé. Letzteres ist mittlerweile fast genauso beliebt, wie der Ziegenkäse, insbesondere im Frühling und Herbst, wenn die Kraniche sich auf den benachbarten Feldern sammeln. Auf den einfachen Bierbänken und um die Picknicktische herum versammeln sich Berliner Tagesausflügler, Wochenendtouristen und Leute aus den umliegenden Ortschaften, um die Gemüsepfanne mit Ziegenhack oder Spätzle mit Ziegenkäse und Salat zu genießen. Die Karte ist saisonal und wechselt je nach Angebot, doch die hausgemachten Ziegenprodukte finden sich immer in allen Variationen. An kalten Tagen zieht man um in den hellen Wintergarten, der sich zum angrenzenden Feld hin öffnet. Unbedingt sollte man im Hofladen vorbeischauen und sich mit Vorräten für zu Hause eindecken. Sehr zu empfehlen ist der Karolinenhöfa – ein mit Rotkultur gereifter Schnittkäse mit natürlicher Rinde. Echte Käsekenner werden an dem sehr würzigen Luchy gefallen finden – ein rotgeschmierter Weichkäse, der während der Reifung mit Gewürztraminer affiniert wird.

❷ Karolinenhof  Adresse: 16766 Kremmen/Flatow
Tel: 0049 (0)33922 60190  Internet: www.ziegenkaeserei-karolinenhof.de
Öffnungszeiten: Freitag 11.00 – 19.00 Uhr, Samstag, Sonntag 9.00 – 19.00 Uhr,
Winterpause Mitte November – Mitte Februar

## 👉 Ökohof Kuhhorst

Nicht alle stehen auf Ziegenfleisch, darum ergänzt das Team vom Karolinenhof seine Speisekarte mit Produkten des Nachbarhofes Kuhhorst. Der Betrieb ist nur wenige Minuten entfernt und bekannt für seine Zucht der vom Aussterben bedrohten Sattelschweine. Ökohof ist untertrieben, eigentlich ist es ein ganzes Dorf. Neben der Landwirtschaft gehören Wohnheime und Werkstätten dazu, in denen Nudeln, Gebäck, Marmeladen, Suppen und Fleischprodukte hergestellt werden. Im Hofladen kann man sich mit den selbst gemachten Köstlichkeiten eindecken.

Adresse: Dorfstraße 9, 16818 Kuhhorst
Tel: 033922 60803, Internet: www.diekuhhorster.de
Öffnungszeiten Hofladen: Donnerstag und Freitag 10.00 – 18.00 Uhr,
Samstag und Sonntag 12.00 – 18.00 Uhr

Hotel Restaurant Café Bar Aktion // Interview Wissenswertes Rezept

## CAFÉ CONSTANCE

Einst wirkte in den Räumen der hellrosa Jugendstilvilla aus dem Jahre 1905 die Gräfin Constance. Das Haus war ein Geschenk ihres Mannes Albert Julius Graf von Zieten-Schwerin, doch anstatt es für sich selbst zu nutzen, beschloss Constance es in einen Treffpunkt für die Dorfbevölkerung umzuwandeln. Sie richtete eine Bibliothek, ein Theater und einen Kindergarten ein und in dem großen Saal durften die Wustrauer ihre Feste feiern. Die Zeiten der Gräfin sind vorbei, doch nach langem Leerstand hat sich Ingelore Radtke dem Haus angenommen und es wieder zu einem Treffpunkt der Region und dem schönsten Café Brandenburgs gemacht. Das Café ist in dem ehemaligen Theatersaal untergebracht: hohe Decken, weiß getünchte Backsteinwände, dunkelbraune Bistromöbel, ein moderner Kamin und ein mächtiges, goldgerahmtes Gemälde, das die Gräfin Constance als kleines Mädchen zeigt, prägen das Ambiente. An den Theatersaal schließt sich ein kleiner, aber feiner Garten. Man sitzt geschützt von den knorrigen Ästen einer alten Kastanie und von efeuumrankten Mauern. Neben einem wechselnden Tagesangebot bekommt man köstlichen, selbst gebackenen Kuchen nach den Rezepten von Ingelores Mutter. Ganz im Sinne Constances führt Ingelore regelmäßig Lesungen, Ausstellungen und musikalische Events durch.

**❸** Café Constance Adresse: Hohes Ende 4, 16818 Wustrau
Tel: 0049 (0)33925 70676 Internet: www.cafe-constance.de
Öffnungszeiten: Mittwoch – Freitag 12.00 – 18.00 Uhr, Samstag und Sonntag
10.00 – 18.00 Uhr, November – 21. Dezember: Samstag 11.00 – 17.00 Uhr,
Sonntag 10.00 – 18.00 Uhr

Hotel  Restaurant  Café  Bar  Aktion  //  Interview  Wissenswertes  Rezept

## ☞ Hotel Seeschlösschen

Nur wenige Minuten entfernt vom Café Constance, direkt am Ruppiner See, liegt das Hotel Seeschlösschen. Es ist im freundlichen Wettstreit mit dem Café darüber, wer den besten Kuchen backt. Aber eigentlich ist es bekannt für sein Restaurant, das gekonnt Mediterranes mit Regionalem kreuzt und sich bei Feinschmeckern großer Beliebtheit erfreut. Des Weiteren verfügt es über elf Zimmer, die fast alle über Seeblick verfügen und mit viel Liebe, Geschmack und Licht eingerichtet wurden. Unser Tipp ist das Turmzimmer, das mit doppeltem Seeblick verwöhnt.

Adresse: Am Bollwerk 1, 16818 Wustrau, Tel: 0049 (0)33925 8803
Internet: www.seeschloesschen-wustrau.de
Preise: DZ ab 129 Euro inkl. Frühstück

Hotel  Restaurant  Café  Bar  Aktion  //  Interview  Wissenswertes  Rezept

## ☞ Hofcafé Schinkel

Guter Geschmack liegt anscheinend in der Familie Radtke. Während Ingelore ihre Gäste im Café Constance verwöhnt, backt ihre Tochter Katleen nur zwanzig Minuten entfernt in einem Neuruppiner Hinterhof den besten Marmorkuchen Brandenburgs und andere Leckereien. Zudem ist ihr Hofcafé eine kleine Oase und ein Ort zum Verweilen. Entweder auf der schönen Terrasse im kopfsteingepflasterten Hof oder an den hübschen Bistrotischen, die sich über zwei Etagen ziehen und zum Lesen, Genießen und Quatschen einladen.

Adresse: Fischbänkenstr. 3, 16816 Neuruppin, Tel: 0049 (0)179 1279230
Öffnungszeiten: Mittwoch – Freitag 11.00 – 17.00 Uhr,
Samstag und Sonntag 10.00 – 17.00 Uhr

Hotel Restaurant Café Bar Aktion // Interview Wissenswertes Rezept

# FONTANE THERME

Still und dunkel glitzert der Ruppiner See, auf der anderen Uferseite zeichnen sich die Umrisse des Waldes ab und ein leichter Frost bedeckt das Schilf. Hinter der Glasfront schwitzen zehn Gäste bei 80 °C um die Wette, bis einer es nicht mehr aushält und vom Steg in den eisigen See springt. Die Fontane Therme in Neuruppin ist bekannt für ihre Seesauna, die größte schwimmende Sauna Deutschlands. Von der Dachterrasse, der finnischen Sauna oder den Ruheräumen genießt man den entspannenden Blick über das Wasser. Das Hauptgebäude, in dem sich weitere Saunen, Schwimmbecken, Fitnessräume und Sole-Bäder befinden, liegt etwas zurückgesetzt, aber ebenfalls mit Blick auf den See. Es ist der perfekte Ort zum Runterkommen, Abschalten und kurz dem kalten deutschen Winter zu entkommen. Gelegen ist es am Rande der wunderschönen Altstadt von Neuruppin. Zu der Therme gehört das Hotel Resort Mark Brandenburg. Die Zimmer sind komfortabel eingerichtet, entsprechen dem internationalen Standard und haben teils Seeblick. Was fehlt sind Charme und individueller Stil, trotzdem hat es seine Vorteile, direkt im Bademantel von der Therme rüber ins Bett zu schlappen.

Zum Essen sollte man dann allerdings doch den Bademantel ablegen und zum Beispiel das Weinhaus am Neuen Markt ausprobieren, da es den zum Hotel gehörigen Restaurants an Raffinesse und Besonderheit fehlt.

❹ Fontane Therme  Adresse: An der Seepromenade 20-21, 16816 Neuruppin am See  Tel: 0049 (0)3391 40350  Internet: www.fontane-therme.de
Öffnungszeiten der Wasser- und Saunalandschaft: Täglich 10.00 – 22.00 Uhr

Hotel  Restaurant  Café  Bar  Aktion  //  Interview  Wissenswertes  Rezept

## ☞ Weinhaus am Neuen Markt

Das Weinhaus ist nur einen Katzensprung von der Therme entfernt. Es liegt am wunderschönen Marktplatz, der mit seinem Kopfsteinpflaster und den pastellfarbenen, klassizistischen Häusern an sich schon einen Besuch wert ist. In dem L-förmigen Eckrestaurant finden Genießer alles, was sie sich wünschen: Eine exquisite Weinauswahl, erlesene Pralinen, ausgesuchte Delikatessen und Kleinigkeiten zu Essen. Die Einrichtung erinnert mit ihren dunklen, mit Wein gefüllten Holzregalen, den schummerigen Kupferlampen und den Barstühlen aus schwarzem Leder an einen englischen Gentlemanclub.

Adresse: Kommissionsstr.17, Am Neuen Markt, 16816 Neuruppin
Tel: 0049 (0)3391 651101, Internet: www.weinhaus-neuruppin.de
Öffnungszeiten: Montag – Samstag 10.00 – 24.00 Uhr,
Sonntag 15.00 – 24.00 Uhr

## ☞ Gerda's Cupcake Café

Gerda's Cupcake Café bringt einen Hauch von Sex and the City an den Neuruppiner See, denn schöner als Gerdas Cupcakes sehen auch die aus der New Yorker Kultbäckerei Magnolia nicht aus. Sie sind liebevoll verziert mit Möhrchen, Streuseln oder kleinen Blumen und werden jeden Tag frisch gebacken. Sie sind die Hauptattraktion des kleinen Cafés am See, daneben gibt es täglich noch weitere köstliche Kuchen, z.B. den American Cheesecake sowie eine wechselnde, herzhafte Tageskarte.

Adresse: An der Seepromenade 10a, 16816 Neuruppin
Tel: 0049 (0)3391 659979, Internet: www.gerdas-cupcake-cafe.de
Öffnungszeiten: Täglich 9.00 – 19.00 Uhr (April bis Oktober),
10.00 – 18.00 Uhr (Oktober bis März)

Hotel Restaurant Café Bar Aktion // Interview Wissenswertes Rezept

# GUT HESTERBERG

Majestätisch zieht sich die lange, leicht gebogene Auffahrt hoch zum Gut Hesterberg. Links und rechts gesäumt von grünen Weiden, auf denen Galloway-Rinder grasen und Hühner picken. Der Weg führt zu einem imposanten, dreiflügeligen Gutshaus, das aus dem vergangenen Jahrhundert zu stammen scheint, doch der Eindruck täuscht. Der gesamte Gebäudekomplex wurde von der Familie Hesterberg vor nicht mal zwanzig Jahren erbaut. Er umfasst die Wohnhäuser der Familie, große Stallungen sowie das Hofrestaurant und Laden. Mittlerweile leben über 500 Galloway-Rinder, 1000 freilaufende Hennen und 600 Gänse auf dem Anwesen. Die Familie Hesterberg hat sich der Produktion von naturbelassenen Lebensmitteln – von der Weide bis zur Schlachterei und eigenem Verkauf – verschrieben. Ihre Produkte verkaufen sie in ausgewählten Berliner Geschäften sowie in ihrem Hofladen. Man sollte sich für Letzteres entscheiden und den Besuch mit einem ausgiebigen Mittagessen und einem langen Spaziergang verbinden. Die Küche wechselt täglich und bietet bis auf wenige Ausnahmen nur Produkte vom Gut an. Zu besonderen Anlässen, wie der Weihnachtszeit oder Ostern, gibt es an den Wochenenden spezielle Essen wie z.B. Gänsebraten. Man sitzt entweder im schönen Biergarten, der direkt an die Weiden grenzt, oder im herrschaftlich-rustikalen Innenraum.

---

**5** Gut Hesterberg  Adresse: Gutsallee 1, 16818 Neuruppin-Lichtenberg
Tel: 0049 (0)3391 70060  Internet: www.guthesterberg.de  Öffnungszeiten:
Dienstag – Sonntag 11.00 – 18.00 Uhr

Hotel  Restaurant  Café  Bar  Aktion  //  Interview  Wissenswertes  Rezept

# AUSFLUG NACH BINENWALDE

Wer sich auf den Weg nach Binenwalde macht, wird vielleicht irgendwann innehalten – überwältigt von dem dichten Wald, den kleinen Straßen und der Menschenleere – und sich fragen: Das ist auch Deutschland?! Obwohl der winzige Ort nur 15 Minuten von Neuruppin und 1,5 Stunden von Berlin entfernt liegt, hat man das Gefühl, im Nirgendwo gelandet zu sein. Doch dann öffnet sich der Wald und vor einem liegt der Kalksee – vielleicht der schönste See Brandenburgs. Kein Anzeichen von Bebauung ist an den Ufern zu sehen, nur undurchdringliches Grün und Binenwalde. Eine einzige Straße führt durch das Dorf, entlang der sich eine bunte Mischung aus Neubauten, prächtigen Überresten aus dem 19. Jahrhundert sowie ein paar Gebäude mit Ostcharme reihen. Auf vielen Grundstücken stehen Schilder, die darauf hinweisen, dass Ferienwohnungen zu vermieten sind. Man kann also auch für ein Wochenende in Binenwalde abtauchen, Tret- oder Ruderboot fahren auf dem See, denn Motorboote sind hier nicht zugelassen, und abends in Hackers Biergarten einkehren. Letzterer ist eine weitere Kuriosität in diesem abgelegenen Fleckchen Erde: Ein weiß-türkiser Holzbau, mit großen Sprossen-Fenstern, den man eher in Schweden vermuten würde als in Brandenburg. Davor, überdacht von den Kronen der Eichen und Buchen, stehen einfache, fröhlich gelbe Holzmöbel. Das Essen passt zum Ambiente: einfach, aber gut!

**❻ Ausflug nach Binwalde**  Bootsverleih  Tel: 033929 70160  Preise: 4 Euro 1 Stunde/ 10 Euro der Tag, Gasthaus Hacker  Adresse: Seestraße 42, 16818 Neuruppin  Tel: 0049 (0)33929 70258  Internet: www.gasthaushacker.de
Öffnungszeiten: Donnerstag – Dienstag 11.00 – 20.00 Uhr,
der Biergarten ist von Mai bis Oktober geöffnet

Hotel  Restaurant  Café  Bar  Aktion  //  Interview  Wissenswertes  Rezept

# KORNSPEICHER NEUMÜHLE

Wo einst Korn lagerte und danach die Russen hausten, stapeln sich heute antiquarische Schätze. Auf 1200 m² lagern alte Bauernschränke, Chippendale-Sekretäre, antike Flügel, Kristall aus den 20er-Jahren, Metallschränke aus den 40er- und 50er-Jahren, Seeräubertruhen, Biedermeier-Stühle und Sofas aus den wilden Sechzigern. Wer sich in Ruhe auf den drei Stockwerken umschauen möchte, der muss Zeit mitbringen. Das Lager von Manfred Neumann ist sehr umfangreich und trotzdem hochwertig. Trödel oder Ramsch gibt es hier nicht. Der gelernte Tischler sucht alle Gegenstände persönlich aus und setzt sie eigenhändig wieder instand. Folglich liegt der Fokus auch auf Holzmöbeln. Falls das eigene Auto nicht groß genug ist, liefert Manfred Neumann auch nach Berlin und in andere Teile Deutschlands.
Neben Antiquitäten gilt Neumanns Leidenschaft jedoch auch kulturellen Veranstaltungen, weswegen er in unregelmäßigen Abständen kleine Konzerte, Kinovorführungen und Ausstellungen in der obersten Etage seines Kornspeichers organisiert. Natürlich ist auch dieser mit handverlesenem Mobiliar versehen und der Misch aus Antiquitäten und dem industriellen Charme des Kornspeichers geben diesem Ort ein ganz besonderes Flair. Aktuelle Veranstaltungen findet man auf der Website.

**7** Kornspeicher Neumühle  Adresse: Neumühle 3, 16827 Neuruppin
Tel: 0049 (0)3391 75150  Internet: www.kornspeicherneumuehle.de
Öffnungszeiten: Montag – Freitag 07.00 – 17.00 Uhr,
am Wochenende nach Anmeldung

Hotel  Restaurant  Café  Bar  Aktion  //  Interview  Wissenswertes  Rezept

# GROSSER STECHLINSEE

Still und klar liegt der Große Stechlinsee im Norden Brandenburgs, eingebettet von dichten Wäldern und gesäumt von hellen Stränden und grünen Wiesen. Ein paar Ruderboote sorgen für kleine Wellen und ein rhythmisches Platschen. Von irgendwo klingt Kinderlachen, eine Schellente fliegt vorbei, doch ansonsten Stille.

Der Große Stechlinsee ist einer der letzten Klarwasser-Seen Deutschlands und einer der tiefsten Seen des Nordens. Maximal 68 Meter liegen zwischen seiner Oberfläche und dem Grund. Er liegt im Naturpark Stechlin-Ruppiner Land und sein Wasser ist so sauber, dass man es trinken kann. Ein Anzeichen für seine Sauberkeit ist das große Maränen-Vorkommen. Die sensiblen Fische leben nur in Seen mit herausragender Wasserqualität.

Probieren kann man die lachsartige Spezialität in der Fischerei Stechlinsee Böttcher & Sohn, direkt am See. In der 6. Generation sind die Böttchers Fischer und dementsprechende Profis auf ihrem Gebiet. In dem gemütlichen Garten vor ihrem Haus servieren sie geräucherte Makrele und anderen Spezialitäten aus dem See.

Wer so richtig in das Stechlinsee-Feeling eintauchen will, mietet sich ein Ruderboot (Bootsverleih: 1. Mai – 15. Oktober, täglich 9.00 – 19.00 Uhr, www.bootsverleih-stechlin.de).

---

**8** Großer Stechlinsee  Adresse Fischerei: Neuglobsow, 16775 Stechlin
Tel: 0049 (0)33082 70422  Internet: www.fischerei-stechlinsee.de
Öffnungszeiten: Dienstag – Sonntag 10.00 – 18.00 Uhr,
ab November Freitag – Sonntag 10.00 – 18.00 Uhr

## ☞ Café Luisenhof

Wem der Sinn mehr nach etwas Süßem steht, der sollte das Café Luisenhof besuchen, der im Dorf Neuglobsow auf dem Weg zum Stechlinsee liegt. Schon beim Betreten des Gartens empfängt einen der leckere Duft des selbst gebackenen Obstblechkuchens mit Butterstreuseln und Schlagsahne, der wie bei Oma schmeckt. Die perfekte Belohnung nach einer Bootstour oder Wanderung um den Stechlinsee.

Adresse: Stechlinseestraße 8, Neuglobsow, 16775 Stechlin
Tel: 0049 (0)33082 67827, Internet: www.luisenhof-stechlin.de

Hotel  Restaurant  Café  Bar  Aktion  //  Interview  Wissenswertes  Rezept

# KAVALIERSHAUS FINCKENERSEE

Im Klassenzimmer ungestört einschlafen, das Schulgebäude verlassen und einfach in den See springen, ungehindert faul auf der Wiese liegen – alles wovon man als Schüler geträumt hat, wird wahr im Kavaliershaus am Finckenersee. Das klassizistische Gutshaus aus dem 18. Jahrhundert war einst Wohnsitz von Graf Adolf von Blücher und diente dann viele Jahrzehnte als Schule. 2007 nahm sich das Architektenpaar Johanne und Gernot Nalbach dem Gebäude an und verwandelte es mit viel Geschmack und Stil in ein Hotel. Erfahrung mit einem solchen Unterfangen haben die Nalbachs bereits, da sie hinter dem beliebten Seehotel Nakenstorf in der Nähe von Wismar stecken. Zwölf Suiten reihen sich in das Kavialiershaus, alle modern renoviert unter Berücksichtigung der Vergangenheit des Hauses. Die findet sich wieder in kleinen Details wie den alten Landkarten aus dem Geografie-Unterricht, kindergerechten Schulbänken und freigelegten Balken. Die meisten Suiten sind mit einer kleinen Kochzeile ausgestattet. Jeden Morgen gibt es in dem taubenblauen Raum mit den vielen Fenstern und breiten Holzdielen knusprige Brötchen und frische Landprodukte. Wer abends keine Lust hat zu kochen oder in die umliegenden Dörfer zum Essen zu fahren, kann sich den Abendbrotkorb bestellen. Auf dem Steg am Seeufer oder unter der riesigen, knorrigen Eiche im Park schmecken Rotwein, die hausgemachten Antipasti, Wurst und Käse besonders gut. Danach geht es ab in die Sauna.

**9** Kavaliershaus Finckenersee  Adresse: Hofstraße 12, 17209 Fincken
Tel: 0049 (0)39922 82700   Internet: www.kavaliershaus-finckenersee.de
Preise: DZ ab 90 Euro

Hotel Restaurant Café Bar Aktion // Interview Wissenswertes Rezept

# MÜHLE TORNOW

Fast könnte man meinen, das geschmeidige Rotieren der Mühlenräder und das sanfte Plätschern des Wassers zu hören, doch die Zeiten als hier das Getreide der umliegenden Felder gemahlen wurde sind längst vergangen.
Trotzdem hat der Berliner Christian Schneider bei der Renovierung der alten Wassermühle darauf geachtet, das denkmalgeschützte Gebäude wieder möglichst nah an den ursprünglichen Zustand von 1873 zu bringen. Sorgfältig wurden der uralte rote Backstein, die massiven Dielen, die wuchtigen Deckenbalken und die eisernen Räder und Getriebe der Mühle wieder aufgearbeitet. Mit viel Liebe zum Detail hat Christian Schneider die alten Strukturen mit modernen Elementen kombiniert und die Mühle in eine Pension und Restaurant verwandelt. Die vier Zimmer und die eine Wohnung sind geschmackvoll und puristisch eingerichtet. Kein Kitsch, kein Möbelstück zu viel – in diesen Räumen können sich Geist und Auge erholen. Die Mühle Tornow ist ein Ort der Entschleunigung. Egal ob beim Relaxen auf den Liegestühlen am Schwanenteich oder im Schatten der alten Bäume mit hausgemachten Blechkuchen, hier kann man loslassen und sich vom Alltag erholen.
Auch im dazugehörigen Restaurant ist die Idee des Zeitlosen zu schmecken. Traditionelle Brandenburgische Küche fusioniert mit modernen Inspirationen und regionalen Produkten, wie Havelzander vom Stolpsee oder Hirsch aus dem angrenzenden Forst.

**10** Mühle Tornow  Adresse: Neue Straße 1, 16798 Fürstenberg/Havel Tel: 0049 (0)33080 404850  Internet: www.muehle-tornow.de  Öffnungszeiten: April – Juni Montag Ruhetag, Juli – Oktober täglich 11.00 – 18.00 Uhr

Melonen-Ananas
Bowle
mit frischer Minze
5,-€

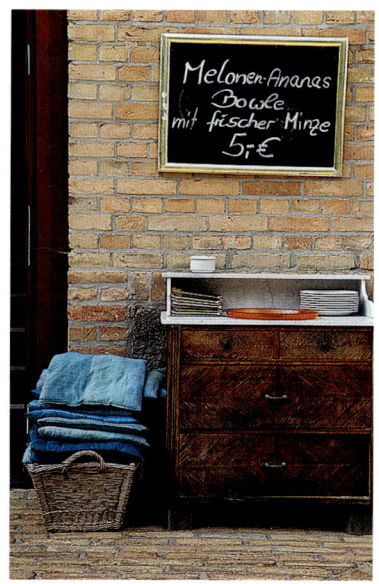

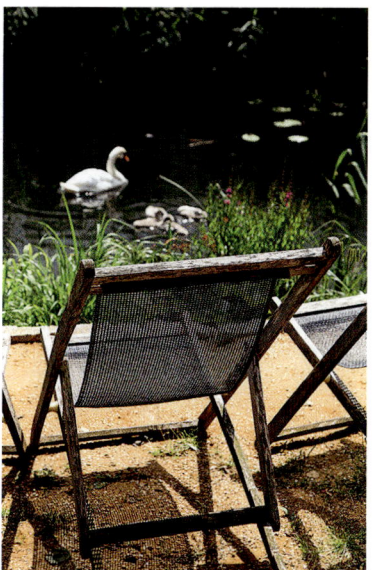

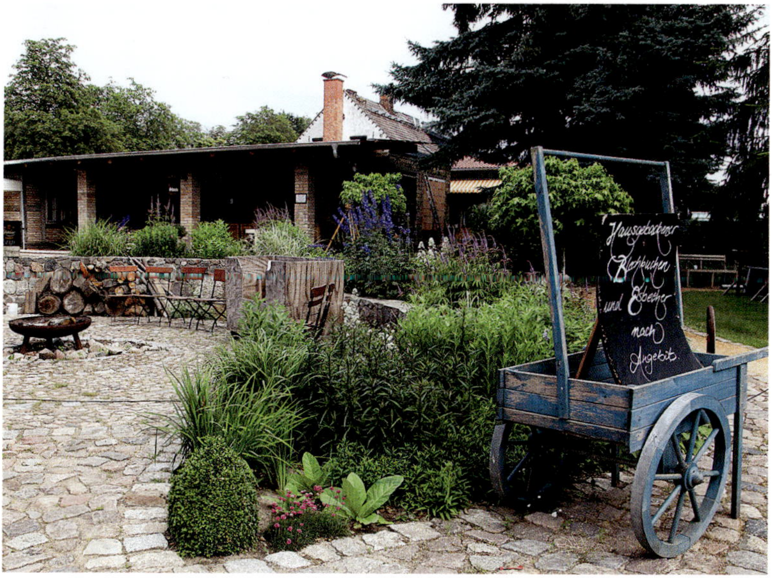
Hausgebackener
Blechkuchen
und Eisbecher
nach
Angebot

Hotel  Restaurant  Café  Bar  Aktion  //  Interview  Wissenswertes  Rezept

## ☞ Hofladen

Im ehemaligen Getreidespeicher der Mühle befindet sich der Hofladen. Statt Weizen, Korn und Gerste füllen heute Knoblauchwurst, Sanddornsaft, frisches Obst und Gemüse, Kräuter aus dem Mühlengarten, Honigsenf, Käse und viele andere Leckereien die Regale. Hier kann man sich mit Produkten aus der Region für Zuhause eindecken oder den Picknickkorb auffüllen für einen Ausflug zum Beispiel an den nahegelegenen Wentowsee.

Adresse: Neue Straße 1, 16798 Fürstenberg/Havel
Internet: www.muehle-tornow.de
Öffnungszeiten: April – Juni Montag Ruhetag, Juli – Oktober
täglich 11.00 – 18.00 Uhr

Hotel  Restaurant  Café  Bar  Aktion  //  Interview  Wissenswertes  Rezept

# DIE INSL

Dong, dong – laut dröhnt der Bratpfannengong über den Untersee bei Kyritz und noch mal: dong dong! Doch da hat sich das kleine Fährboot schon in Bewegung gesetzt und tuckert von der Insel Richtung Festland. Zwei Minuten später legt es an, nimmt die ungeduldigen Passagiere, ausgestattet mit Sonnenhut und Luftmatratze, mit an Board und macht sich auf die blitzschnelle Überfahrt hin zur Untersee-Insel, besser bekannt als Insel bzw. seit Sommer 2014 als Insl. Letzteres ist drei jungen Berlinern zu verdanken, die das beliebte Ausflugsziel seit Kurzem bewirtschaften und ihm diese liebevolle Verkürzung sowie ein gründliches Makeover verpasst haben. Seit mehr als 100 Jahren ist die 1,3 Hektar kleine kreisrunde Insel eines der beliebtesten Ausflugsziele in der Region um Kyritz. Das große backsteinerne Gebäude war in den vergangenen Jahrzehnten Austragungsstätte der verschiedensten Konzepte – von Soljanka über Edelrestaurant bis hin zu Fischbuden. Lars, Rosemarie und Kai haben den Fokus vom Gebäude genommen und die Insl an sich zum Ausflugsziel erkoren. Im Gasthaus befindet sich das Restaurant, das unkomplizierte Gerichte wie Bio-Burger oder Flammkuchen verkauft. Nach hinten raus befindet sich eine große Wiese mit überdimensionalen Schaukeln, schwarzen Schafen, Tischtennisplatten und manchmal sanfter Elektromusik. Auf der Insl kann man wunderbar den ganzen Tag verbringen. Noch gibt es keine Übernachtungsmöglichkeiten, doch das ändert sich vielleicht schon bald.

**11** Die Insl  Adresse: Seestraße 118, 16866 Kyritz  Tel: 0049 (0)179 2199908
Internet: www.insl.tv  Öffnungszeiten: In den Sommermonaten täglich geöffnet, danach nur zu besonderen Veranstaltungen

Hotel  Restaurant  Café  Bar  Aktion  //  Interview  Wissenswertes  Rezept

# WEHRMÜHLE BIESENTHAL

Die alte Wehrmühle Biesenthal ist ein Stück Geschichte, das aus dem 14. Jahrhundert bis in die Gegenwart reicht. Hier trifft Moderne auf Vergangenheit, was sich auch im Optischen widerspiegelt. Die Fassade des Gebäudes mit ihren verspielten Ornamenten und geschwungenen Formen entstand Anfang des 20. Jahrhunderts, als ein jüdischer Unternehmer das alte Verwaltungsgebäude der Mühle aufkaufte und es in ein Wohnhaus verwandelte. In dem folgenden Jahrhundert wurde das Gebäude von den Nazis beschlagnahmt und militärisch genutzt und diente zu DDR-Zeiten mehreren Familien als Unterkunft und als Stallungen. Die alte Mühle war bis 1974 im Betrieb. 2002 brannte die Mühle nieder und das Verwaltungsgebäude erlitt schwere Schäden.

Ein Jahr später kaufte Michael Hecken das Anwesen und ließ den Gebäudekomplex von den Berliner Zanderrotharchitekten in eine moderne Villa umbauen. Hinter der historischen Fassade versteckt sich ein hochmodernes Konstrukt, geprägt von Glas, Beton und klaren Linien. Es ist der Hauptsitz von Michael Heckens E-Bike-Unternehmen Grace und kann außerdem für Veranstaltungen und Übernachtungen gemietet werden.

(12) Wehrmühle Biesenthal  Adresse: Wehrmühlenweg 8, 16359 Biesenthal
Tel: 0049 (0)151 27575569  Internet: www.biesenthal.org

# AUF DEM WEG NACH MECKLENBURG-VORPOMMERN

Die Lust auf salzige Luft und eine steife Brise, die einem den Kopf frei weht – wer kennt sie nicht die Sehnsucht nach Meer?! Läge Berlin an ebendiesem, wäre es die perfekte Stadt, hört man seine Bewohner häufig sagen. Zum Glück ist die Ostsee nicht weit entfernt und mit ihr Mecklenburg-Vorpommern mit seinen unendlich scheinenden Seenplatten, weißen Sandstränden und artenreichen Naturparks. Es ist deutlich weiter als das benachbarte Brandenburg, doch wenn so verlockende Ziele locken, wie Künstlerdörfer in Angern aus dem 14. Jahrhundert, Wildkräuterhotels, herrschaftliche Gutshäuser und verwunschene Parks, dann lohnt sich die Extra-Stunde Fahrt, bzw. der Weg wird zum Ziel. Umso weiter man Berlin hinter sich lässt und Brandenburg Richtung Norden durchquert, umso lieblicher wird die Landschaft. Die dichten, geheimnisvollen Wälder, für die Brandenburg so bekannt ist, lichten sich und werden schließlich abgelöst von sanften, grünen Hügeln, neongelben Rapsfeldern und einem weiten Horizont. Zwischen Seenplatte und Ostseeküste liegen, versteckt in riesigen Parks, die schönsten Unterkünfte Deutschlands, wie zum Beispiel das Gutshaus Rensow – in dem man wohnt wie ein Adliger und behandelt wird wie eine verloren geglaubte Tochter – oder das Gutshaus Wesselstorf, in dessen barocker Parkanlage man stundenlang zwischen knorrigen Obstbäumen und Rosengärten lustwandeln kann.
Nehmen Sie sich ein langes Wochenende und lassen Sie sich treiben entlang der platanengesäumten Alleen, den salzigen Duft in Nase, während ein frischer Meereswind Ihnen auch die letzten Gedanken an Arbeit und Stress aus dem Kopf pustet.

# GUT RENSOW

Keine Schnörkel, kein Türmchen – schlicht und elegant steht der große weiße Barockbau in der mecklenburgerischen Landschaft, umgeben von neongrünen Wiesen, erdigbraunen Äckern und uralten Eichen. Hier scheint die Zeit stillgestanden zu sein, seitdem das Gutshaus im Jahre 1690 erbaut wurde. Dennoch ist besonders in den letzten zwölf Jahre auf Gut Rensow viel passiert. Als Knut Splett-Henning und Christina Ahlefeld-Laurvig das Haus 2002 kauften, stand es kurz vor dem Zusammenbruch. Mit alten Ziegeln aus Lehm, Dielen vom Dachboden, weiteren möglichst originalgetreuen Materialien und viel Liebe zum Detail setzten sie das Gut wieder instand. Heute dient es sowohl als Wohnhaus der Familie als auch als Unterkunft für Gäste. Vier Gästeapartments für zwei bis vier Personen gibt es in dem barocken Bau. Wer hier nächtigt, fühlt sich tatsächlich wie Adel aus vergangenen Jahrhunderten, was unter anderem an der von Christina Ahlefeld-Laurvig perfekt zusammengestellten Einrichtung liegt. Der Stil ist ländlich antik mit breiten Holzdielen, fein gearbeiteten Flügeltüren, schweren Ledersofas, verspielten goldenen Spiegeln und filigranen Kommoden. Das Haus ist umgeben von einem verwunschenen großen Garten mit jahrhundertealten Bäumen, scheuen Rehen, bunten Pfauen, musizierenden Fröschen, einer singenden Nachtigall. Außerdem gehört noch ein Gemüsegarten zum Gut, in dem die Gutsherren alte Gemüsesorten wie rote und violette Kartoffeln, runde Karotten und verschiedene Kräuter anbauen.

**13** Gut Rensow  Adresse: 17168 Rensow  Tel: 0049 (0)39972 56288
Internet: www.gutshaus-rensow.de
Preise: DZ ab 95 Euro, Alte Schule DZ ab 75 Euro

Hotel  Restaurant  Café  Bar  Shop  //  Interview  Wissenswertes  Rezept

# Ein Gespräch mit Christina Ahlefeld-Laurvig und Knut Splett-Henning
Besitzer vom Gut Rensow

### Ihr kommt beide aus dem Großstadtleben. Wie überlebt ihr hier?
Knut: Wir haben uns hier eine tolle Community aus Gleichgesinnten aufgebaut. Einen Abend laden wir alle zu uns ein, einen anderen Abend fahren wir rüber. Es ist wirklich ein super Netzwerk.

### Was ist das Konzept hinter dem Gut Rensow?
Knut: Wir pflegen das authentische Gutshofleben, kombiniert mit einem neuen, belebten Ansatz. Es ist gleichzeitig international und sehr persönlich. Zum Beispiel sitzen wir beim Abendessen alle an einem Tisch – wie bei einer Familie. Nur, dass unsere Gäste von überall herkommen.

### Und was kommt auf den Abendbrottisch?
Christina: Knut liebt es zu kochen, was es gibt hängt sehr von der Jahreszeit ab. Es wird sozusagen gekocht was da ist. Entweder kommt es direkt aus unserem Gemüsegarten oder von den umliegenden Höfen.

### Wo holt ihr eure Möbel her?
Christina: Das sind alles nordische Fundstücke aus Dänemark oder Norddeutschland.

### Hat jetzt alles seinen Platz?
Christina: Nee, nee, ich räume ständig um. Sobald alles perfekt ist, werde ich unruhig und muss alles wieder umstellen.

## Blumenkohl-Linsen-Salat
4 Personen

Die Beluga-Linsen bissfest kochen und abspühlen (sonst können sie abfärben) und abkühlen lassen.
Den Blumenkohl waschen, die einzelnen Röschen vom Stiel abtrennen und mit dem Gemüsehobel roh in dünne Scheiben schneiden.
Die abgekühlten Linsen unterheben.

Tipp: Als Variation, und auch farblich hübsch, kann der Blumenkohl-Linsen-Salat noch mit fein geschnittenen Radieschen verfeinert werden.

Zutaten:
500 gr Beluga-Linsen
1 ganzer Blumenkohl

Vinaigrette:
2 EL Dijon-Senf à l'ancienne
1-2 Knoblauchzehen, gequetscht
4 EL hochwertiges Olivenöl
1 TL guten Apfel- oder Traubenessig
Salz und Pfeffer nach Geschmack

Hotel Restaurant Café Bar Aktion // Interview Wissenswertes Rezept

# GUTSHAUS WESSELSTORF

Uralte Eichen und Buchen säumen die Allee und an ihrem Ende – das Herrenhaus. Viel ist von der Steinfassade nicht mehr zu sehen, zu wild rankt sich der Efeu um das alte Gemäuer aus dem 19. Jahrhundert. Seit 1998 gehört das Anwesen Andreas Knoll, der es mit viel Liebe und Geduld wieder instand gesetzt und Ferienwohnungen eingebaut hat. Die Wohnungen, gelegen in der zweiten Etage, bieten Platz für 4-6 Personen und sind teils im gemütlichen Landhausstil, teils etwas herrschaftlicher eingerichtet. Die Möbel stammen größtenteils aus dem Fundus der Familie Knoll, was der Einrichtungen eine sehr persönliche Note gibt. Es ist nicht gewollt designt, sondern eher organisch gewachsen und entspannt. Alle Apartments sind zum Selbstversorgen. Wer etwas vergessen hat, kann von Andreas Knoll selbst gemachte Marmelade kaufen, eine gute Flasche Wein und andere Kleinigkeiten.

In der unteren Etage wohnt der Gutsherr selber und in der dritten Etage sind drei Mietwohnungen untergebracht. Doch der wahre Schatz verbirgt sich hinter dem Haus. Es ist der zehn Hektar große Park. In sanften Hügeln erstreckt sich die barocke Anlage mit knorrigen Obstbäumen, einem Teich, Rosen und weichem, sattem Gras. Dahinter eröffnet sich die einmalige Landschaft Mecklenburg-Vorpommerns mit Äckern, Wiesen, Seen und der nicht allzu fernen Ostsee.

**14** Gutshaus Wesselstorf  Adresse: Dorfstraße 21, 18195 Wesselstorf
Tel: 0049 (0)38205 68902  Internet: www.gutshauswesselstorf.de

# WILDKRÄUTERHOTEL

Der würzige Duft von Lavendel mischt sich mit der frischen Note von Basilikum und dem herben Geruch des Thymians – ein Spaziergang durch den Garten des Hotels ist ein Genuss für die Nase. Wildkräuter sind die Leidenschaft von Nora Fischer. Gemeinsam mit ihrer Tochter Nadin eröffnete sie 2007 das Wildkräuterhotel. Neben dem wundervollen Kräutergarten und der tollen Parkanlage gilt ihr besonderes Augenmerk der Inneneinrichtung des ockersonnengelben Gutshauses. Neben einer Ferienwohnung gibt es neun Stuben, die natürlich alle nach Kräutern benannt worden sind und individuell und thematisch passend eingerichtet sind. Im Lavendelzimmer sind die antiken Landmöbel z.B. in einem leichten Lila und sanften Grün gehalten. In der Waldmeisterstube dominieren dunkelgrüne Farben den Raum. An Nora Fischers Faszination für Wildkräuter kann man außerdem bei Wildkräuterspaziergängen und bei gemeinsamen Kochabenden teilhaben. Auch die Leidenschaft ihrer Tochter fließt in das Hotel ein. Nadin Fischer bietet Yoga-Events an. Die 2-3-tägigen Veranstaltungen widmen sich unterschiedlichen Themen und Schwerpunkten. Doch auch wer einfach nur nach einem ruhigen Wochenende auf dem Land sucht, ist hier in besten Händen. Der Park sowie die nähere Umgebung laden zu ausführlichen Spaziergängen ein und die alte Bibliothek des Hauses zu gemütlichen Lesenachmittagen.

**15** Wildkräuterhotel Gutshaus Ehmkendorf  Adresse: Dorfstraße 20, 18195 Stubbendorf/ OT Ehmkendorf  Tel: 0049 (0)38228 61410  Internet: www.ehmkendorf.de  Preise: DZ ab 59 Euro

Hotel Restaurant Café Bar Aktion // Interview Wissenswertes Rezept

# REMISE

In der Ferne sieht man ein paar Reiter in bester Gaucho-Manier, die Angusrinder vor sich hertreiben, und den Raum durchzieht der würzige Duft von Weidenochsensteak. Für einen Moment könnte man meinen, man wäre im fernen Uruguay und nicht im heimischen Mecklenburg-Vorpommern. Dabei ist man bei einer der ältesten Familien der Region zu Gast. Das Adelsgeschlecht Bassewitz ist seit 1349 in Dalwitz ansässig. Nach der Vertreibung von ihrem Anwesen 1945 kehrten Heinrich Graf von Bassewitz und seine uruguayanische Frau 1992 aus ihrer Heimat zurück und machten sich daran, das Haus zu renovieren und den landwirtschaftlichen Betrieb wiederaufzunehmen. Neben einem Reiterhof und Ferienwohnungen befindet sich auf dem Anwesen das Restaurant Remise. Der einstige Pferdestall ist heute ein helles, freundliches Lokal. Ein offener Kamin, Kronleuchter sowie Accessoires, die an die einstige Funktion erinnern, addieren Gemütlichkeit. Die Spezialität des Hauses ist über glühender Holzkohle geröstetes Weidenochsensteak begleitet von auserlesenen Rotweinen. Das zarte Fleisch, das auf der Zunge fast zergeht, kann sich locker mit den besten Steakrestaurants Südamerikas messen. Noch eine weitere südamerikanische Tradition hat in Dalwitz Fuß gefasst. In den Sommermonaten findet einmal in der Woche ein Asado statt. Als Asado bezeichnet man in Uruguay ein Festmahl vom Grill, das sich über Stunden ziehen kann und bei dem oft die ganze Familie zusammenkommt.

**16** Remise  Adresse: Dalwitz 44, 17179 Walkendorf  Tel: 0049 (0)39972 56856
Internet: www.feriengutdalwitz.de  Öffnungszeiten:
Freitag 18.00 – 22.00 Uhr, Samstag und Sonntag 12.00 – 22.00 Uhr

Hotel Restaurant Café Bar Aktion // Interview Wissenswertes Rezept

# GUTSHOF KRAATZ

Mitten im malerischen Biosphärenreservat Schorfheide-Chorin liegt der Gutshof von Edda Müller und Florian Profitlich. Das Paar hat sich einen Lebenstraum verwirklicht und eine kleine Kelterei und Mosterei aufgebaut. Ihr Apfelwein gehört zu den besten aus der Region. Vor allem die alten Apfelsorten haben es ihnen angetan, wie Altländer Pfannkuchenapfel, Goldparmäne oder Gelber Köstlicher.
Neben der Kellerei hat das Paar in der alten Scheune eine Weinschänke eingerichtet, in der neben den eigenen Weinsorten und Apfelsaft ein wechselndes Tagesmenü angeboten wird. Das alte Bauernhaus und die Remise haben sie in zwei charmante Ferienwohnungen verwandelt. Die Deckenbalken liegen frei, die Wände sind weiß verputzt und die breiten Holzdielen und der Steinfußboden geben den Häusern einen rustikalen Charme, der durch die geschmackvolle und puristische Einrichtung eine moderne Note verliehen bekommt. Nach dem Aufwachen muss man nur aus der Terrassentür treten und man ist direkt in dem grünen, wilden Garten. Beim Umbau der beiden Ferienwohnungen wurden ausschließlich ökologische Materialien verwendet.

**17** Gutshof Kraatz  Adresse: Schloßstraße 7, 17291 Nordwestuckermark
Tel: 0049 (0)39859 63976  Internet: www.gutshof-kraatz.de
Preise: ab 75 Euro

# SEENLAND ODER-SPREE

Die wohl wildeste Region Brandenburgs liegt zwischen Berlin und der polnischen Grenze. Hier erstreckt sich das Seenland Oder-Spree mit seinen Hunderten von glasklaren Flüssen, sprudelnden Bächen und dunklen Waldseen. Während der Süden, Westen und Norden relativ schnell mit in das Kurztrip-Repertoire der Hauptstädter aufgenommen wurde, liegt der Osten bis heute unentdeckt und verwunschen da. Dabei ist er von Berlin aus einfach mit öffentlichen Verkehrsmitteln zu erreichen. Doch während die anderen Regionen oft auf der Route lagen, um in andere Städte oder Teile Deutschlands zu fahren und dementsprechend schnell erschlossen wurden, führte der Weg nicht oft Richtung Polen. Und so prägen noch heute versteckte Waldseen, verwunschene Weiler, dichte Tannenwälder, abgelegene Dörfer, alte Mühlen und Überbleibsel der DDR-Vergangenheit diesen Strich Land, der bis zur Oder und der polnisch-deutschen Grenze reicht. Architektonische Besonderheiten wie die sozialistische Planstadt Eisenhüttenstadt existieren nebeneinander mit barockem Prunk wie dem Kloster Neuzelle. Einfache Fischräuchereien treffen auf Slow-Food-Raffinessen und Wellness-Tempel auf das kleinste Luxushotel Deutschlands. Langsam aber sicher öffnet sich auch dieser Teil Deutschlands dem Tourismus. Immer mehr Berliner zieht es an den Wochenenden raus, um zu Fuß, mit dem Auto oder dem Rad das Seenland Oder-Spree zu erkunden. Doch während man durch stille Wälder wandert, wünscht man sich, dass die Erschließung vielleicht noch ein paar Jährchen auf sich warten lässt.

Hotel Restaurant Café Bar Aktion // Interview Wissenswertes Rezept

## AS AM SEE

13 Jahre lang war der Hamburger Andreas Staack Chefkoch im Restaurant Noi Quattro in Berlin Kreuzberg, bevor er Lust auf Neues hatte und seine Feinschmeckerküche kurzerhand an den Scharmützelsee verlegte. Im Frühjahr 2014 eröffnete er sein Restaurant AS am See im Kurort Bad Saarow. In dem kleinen, aber feinen Ort mit seinen prächtigen Jugendstilvillen stieß er auf ein dankbares Publikum. Endlich jemand, dessen Küche nicht um 21.00 Uhr die Öfen ausmacht und der Wein und Speisen auf höchstem Niveau serviert. Andreas Staacks Küche lässt sich als mediterran-regional beschreiben. Gekocht wird nur mit frischen Zutaten, Tiefgekühltes oder Konserviertes findet bei ihm keine Verwendung. Das Resultat ist Kabeljaurücken mit Kapern, Chorizo, Lauchzwiebeln und Kirschtomaten oder geschmorte Schulter vom Rotkalb in Holunderjus. Dazu gibt es eine sehr gute Weinauswahl, die insbesondere mit Weinen von kleineren, noch unbekannten Weingütern überrascht. Im vorderen Teil des Restaurants sorgen lederne Bistrostühle, hohe Tische, gut gefüllte Weinregale und ein Tresen für eine gemütliche Bar-Stimmung. Wer gerne an einem richtigen Tisch sitzt, kann im hinteren Teil Platz nehmen. Bei schönem Wetter kann man auch auf der Terrasse vor dem Restaurant sitzen, leider ohne Seeblick, dafür hat man die Seestraße, die so etwas wie Bad Saarows Hauptmeile ist, gut im Blick.

**18** AS am See  Adresse: Seestraße 9, 15526 Bad Saarow
Tel: 0049 (0)33631 599244  Internet: www.asamsee.de
Öffnungszeiten: Montag – Sonntag 12.00 Uhr bis spät, Dienstag geschlossen

Hotel  Restaurant  Café  Bar  Shop  //  Interview  Wissenswertes  Rezept

# Ein Gespräch mit Andreas Staack
Geschäftsführer vom AS am See

### Was hat Sie dazu veranlasst, ihr Restaurant in Berlin zu verlassen und nach Bad Saarow zu kommen?
Dafür gab es mehrere Gründe. Einer war, dass Berlin kurz vor dem kulinarischen Kollaps steht. Ständig macht etwas Neues auf, es gibt sehr viel Rotation. Sich dort zu halten ist sehr anstrengend.
Ausschlaggebend war aber vor allem, dass einer meiner Berliner Stammgäste mir den Laden in Bad Saarow angeboten hat. Zuerst dachte ich, was soll ich da?! Aber dann habe ich mir es mal angeguckt und saß an einem Spätsommernachmittag vor dem Laden und dachte mir: Mein Gott ist das ruhig! Traumhaft schön!

### Wie unterscheidet sich Ihr Restaurantalltag in Bad Saarow von Ihrem ehemaligen in Berlin?
Hier auf dem Land ist man noch viel mehr Gastgeber als in der Stadt. Meine Gäste kommen ins AS am See um zu essen, das ist die Beschäftigung für den Abend. Sie bringen Zeit mit und haben Lust auf einen Schnack und Muse zum Genießen. In Berlin gehen die Leute mal schnell was essen, bevor es ins Kino, ins Theater, auf die Ausstellung etc. geht. Keiner hat wirklich Zeit, alles muss sehr schnell gehen.

### Wie wurden Sie von den Locals empfangen?
Mit offenen Armen, sogar mehr als das! Ich war noch mitten in der Einrichtung, nichts war fertig, da klopften schon die Ersten an. Sie hätten Licht gesehen, ob ich denn schon ein Glas Wein für sie hätte, vielleicht auch was Kleines zum Essen. Am ersten Abend waren es vier, am nächsten dann schon acht. Es war sehr schön, so freudig aufgenommen zu werden.

Hotel Restaurant Café Bar Aktion // Interview Wissenswertes Rezept

## ☞ Hof Marienenhöhe

Der Hof Marienhöhe gilt als der älteste biologisch-dynamisch arbeitende Hof in Deutschland. Seit 1928 konnte hier fast durchgehend nach biologischen Richtlinien gewirtschaftet werden. Interessierte können sich den Vorzeigehof bei einer der monatlichen Führungen angucken. Auf jeden Fall lohnt sich ein Besuch des Hofladens, in dem die Erzeugnisse der täglichen Arbeit angeboten werden, wie Brot, Quark, Joghurt, Sahne, Wurst, Fleisch, Blumen, Kräuter, Obst, Gemüse, Naturkosmetik und vieles mehr.

Adresse: Marienhöhe 3, 15526 Bad Saarow
Telefon: 0049 (0)33631 2605, Internet: www.hofmarienhoehe.de
Hofführungen: Jeden letzten Samstag im Monat um 14.30 Uhr
(April – Oktober), Öffnungszeiten Hofladen: Dienstag 15.00 – 18.00 Uhr,
Freitag 10.00 – 18.00 Uhr, Samstag 9.00 – 12.00 Uhr

Hotel  Restaurant  Café  Bar  Aktion  //  Interview  Wissenswertes  Rezept

## ☞ Atelier Café

Das Atelier Café ist ein Ort für die Sinne: Im Garten brummen die Hummeln, aus der Küche duftet betörend die Aprikosentarte, der Kaffee wird aus selbst getöpferten Tassen getrunken und an den Wänden hängen die Werke der Eigentümerin Julia Tomasi Müntz. Zusammen mit ihrem Partner, dem Keramiker Jan Eigendorf, lebt und arbeitet sie Teile des Jahres in der ehemaligen Dorfschule von Wendisch-Rietz. Und weil beide nicht nur Künstler, sondern auch große Genussmenschen und leidenschaftliche Gastgeber sind, öffnen sie an den Sommerwochenenden ihren Garten für den Kaffeebetrieb.

Adresse: Hauptstraße 2, 15864 Wendisch-Rietz
Telefon: 0049 (0)33679 75268, Öffnungszeiten: Im Sommer am Wochenende

## ☞ Scharmützelsee Radtour: Adler trifft Zander

Um Bad Saarow herum gibt es zahlreiche Radwege. Eine der schönsten Routen (40 km) führt um den Scharmützelsee und den Großen Storkower See. Von Bad Saarow ausgehend über Reichenwalde, Storkow, Wendisch Rietz und Diensdorf-Radlow. Auf der Route liegen zahlreiche Restaurants, die sich für eine Mittags- oder Kuchenpause anbieten, wie die Alte Schule in Reichenwalde, das Atelier Café oder das Fischland Scharmützelsee in Wendisch Rietz. Die Route ist ausgeschildert mit einer Zeichnung, die einen Adler und einen Zander abbildet.

Hotel Restaurant Café Bar Aktion // Interview Wissenswertes Rezept

# VILLA CONTESSA

Die Villa Contessa bezeichnet sich selber als kleinstes First-Class-Hotel Deutschlands. Gelegen auf einem großzügigen Seegrundstück direkt am Ufer des Scharmützelsees in einer herrschaftlichen Villa im Jugendstil, wird der Familienbetrieb dem Anspruch gerecht. Drei Generationen kümmern sich um die Gäste und sorgen dafür, dass es den Gästen bei ihrem Aufenthalt an nichts fehlt. Doch die Contessa des Reichs ist Marina Runge, durch deren Idee und Ausdauer es überhaupt erst zur Hoteleröffnung kam. Sie prägt das Hotel mit ihrer Persönlichkeit und ihrem Geschmack: Die acht Zimmer sind alle unterschiedlich gestaltet, in einem konsequent durchgezogenen, elegant verspielten Neo-Barock in weiß-goldenen Tönen mit rosa Akzenten. Manche nennen es Kitsch, andere Perfektion. Es ist der perfekte Ort für einen romantischen Wochenendausflug oder ein Wochenende mit Freundinnen. Der hoteleigene Spa-Bereich bietet einen Whirlpool mit Blick auf den See, Saunen, ein römisches Dampfbad und Massagen. Morgens und abends isst man bei schönem Wetter auf der Terrasse mit Seeblick oder im eleganten Speiseraum. Auch wenn Bad Saarow gute Alternativen bietet, ist ein Abendessen im Hotel zu empfehlen, wie z.B. Bad Saarower Gartenkräuter in Gemüseliason und Wildlachspraline oder Tartar vom Brandenburger Milchkalb. Die Thermalbäder, der Hafen und der Stadtkern sind fußläufig zu erreichen. Außerdem verleiht die Villa kostenlos Fahrräder für Spritztouren um den See.

---

[19] Villa Contessa  Adresse: Seestraße 18, 15526 Bad Saarow
Tel: 0049 (0)33631 58018  Internet: www.villa-contessa.de
Preise: DZ ab 158 Euro inkl. Frühstück

Hotel Restaurant Café Bar Aktion // Interview Wissenswertes Rezept

## ☞ Kaffeerösterei

Brandenburg ist nicht gerade Italien und guter Kaffee nicht überall zu finden. Für Koffein-Junkies haben wir dennoch gute Nachrichten. Auf der Hauptmeile von Bad Saarow, der Seestraße, liegt die Kaffeerösterei von Heike Straube und ihrer Tochter Katja. Die Holzregale sind gefüllt mit Kaffeebohnen, in der einen Ecke steht die Röstmaschine und schon beim Betreten des kleinen Ladens empfängt einen der betörende Geruch der schwarzen Bohne.

Adresse: Seestraße 2a, 15526 Bad Saarow
Tel: 0049 (0)160 97064928, Internet: www.kaffeeroesterei-badsaarow.de
Öffnungszeiten: Montag – Samstag 10.00 – 19.00 Uhr,
Sonntag 13.00 – 18.00 Uhr

Hotel  Restaurant  Café  Bar  Aktion  //  Interview  Wissenswertes  Rezept

# KLOSTER NEUZELLE

Ganz tief im Osten und nur wenige Kilometer entfernt von der polnischen Grenze findet man das nördlichste Beispiel süddeutschen und böhmischen Barocks in Deutschland: Das Kloster Neuzelle. Gegründet wurde das Kloster im Jahre 1268, also lange vor der Epoche des Barocks. Im Dreißigjährigen Krieg wurde die Anlage jedoch schwer beschädigt und im Rahmen des Wiederaufbaus von italienischen Künstlern mit Fresken und Stuckaturen versehen. Nachdem die Niederlausitz von Böhmen an Preußen überging, wurde das katholische Kloster säkularisiert und in ein staatliches Stift verwandelt. Zu Zeiten der DDR wurde das Stift verstaatlicht. 1996 wurde die Stiftung Stift Neuzelle gegründet, mit der Aufgabe die ehemalige Klosteranlage wiederherzustellen und sie der Öffentlichkeit zugänglich zu machen. Heute zählt die Klosteranlage zu einer der wenigen vollständig erhaltenen Klosteranlagen in Deutschland. Zu ihr gehören die Stiftskirche St. Marien, die Pfarrkirche zum Heiligen Kreuz, der Kreuzgang mit Klostermuseum und der Klostergarten. Besonders schön ist Letzterer mit seinen steil abfallenden Terrassen, der Orangerie, den barocken Wege- und Wasseranlagen und einem teilweise historischen Pflanzenbestand. In der Orangerie befindet sich in den Sommermonaten ein kleines Café, in dem es Kaffee und Kuchen gibt.

[20] Kloster Neuzelle  Adresse: Stiftsplatz 7, 15898 Neuzelle Tel: 0049 (0)33652 8140  Internet: www.stift-neuzelle.de  Öffnungszeiten: Montag – Freitag 11.00 – 12.00 Uhr und 14.00 – 16.00 Uhr, Samstag 11.00 – 12.00 Uhr und 14.00 – 15.30 Uhr, Sonntag 11.00 – 12.00 Uhr und 13.00 – 15.30 Uhr, Klostergarten: täglich 10.00 – 20.00 Uhr, November – April 10.00 – 16.00 Uhr

Hotel  Restaurant  Café  Bar  Aktion  //  Interview  Wissenswertes  Rezept

## ☞ Klosterbrauerei und Klosterladen Neuzelle

Kartoffelbier, glutenfreies Bier, Bier-Ketchup oder Anti-Aging-Bier – der Klosterladen ist ein Kuriositätenkabinett für Bierliebhaber. Gebraut werden die ausgefallenen Sorten direkt nebenan in der Klosterbrauerei. Schon seit dem 16. Jahrhundert besitzt das Kloster die Lizenz zum Brauen. Wen das Thema näher interessiert, kann an einer Führung durch die Brauerei teilnehmen.

Adresse: Brauhausplatz 1, 15898 Neuzelle
Tel: 0049 (0)33652 8100, Internet: www.klosterbrauerei.com
Öffnungszeiten Klosterladen: Montag –Freitag 9.00 – 18.00 Uhr, Samstag und Sonntag 10.00 – 17.30 Uhr, Brauereiführungen Mai – Oktober täglich 13.00 Uhr (ohne Voranmeldungen), ganzjährig täglich 9.30, 12.00, 14.45, 17.00 Uhr (mit Voranmeldungen)

## ☞ Klosterhotel Neuzelle

Wer die Nacht in Neuzelle verbringen möchte, um sich mit mehr Muse der Klosteranlage und der Umgebung zu widmen, der kann sich im Klosterhotel Neuzelle einnisten. Das Hotel liegt nur fünf Gehminuten vom Kloster entfernt und ist in einem denkmalgeschützten Haus aus dem 19. Jahrhundert untergebracht. Besonders empfehlenswert sind die Suiten, die mit einer eigenen Sauna ausgestattet sind. Zum Hotel gehört die alte Klosterbrennerei, in der nach alten Verfahren Branntwein hergestellt wird.

**Adresse: Bahnhofstraße 18, 15898 Neuzelle**
**Tel: 0049 (0)33652 823991, Internet: www.hotel-neuzelle.de**
**Preise: DZ ab 119 Euro**

Hotel Restaurant Café Bar Aktion // Interview Wissenswertes Rezept

# GUT KLOSTERMÜHLE

Grün, grün, grün – wohin man auch schaut. Der Wald reicht bis an die Ufer des Madlitzer Sees und spiegelt sich in der stillen Wasseroberfläche, ein langer Steg ragt in den See hinein und am Uferrand tauchen seltsam geformte Baumstümpfe aus dem Wasser. Verwunschen und abgeschieden liegt er da, der Madlitzer See, an seinem Ufer nur die alte Klostermühle. Bis vor wenigen Jahren kannte kaum einer die jahrhundertealte Mühle und den ruhigen See. Während der DDR-Zeit ein geheimer Schulungsort für Stasi-Offiziere, lag sie nach der Wende vergessen da, bis der Düsseldorfer Architekt Walter Brune den Ort entdeckte und sich in ihn verliebte. In jahrelanger Arbeit hat er die alten Gebäude wiederhergestellt, den Park restauriert und ein Restaurant, ein Wellnesshotel und einen Reitstall erschaffen. Seit der Eröffnung ist das Gut Klostermühle nun der neue Hot Spot der gestressten Berliner, die für ein paar Tage saunen, relaxen und lustwandeln wollen. Das Ambiente ist luxuriös und gleichzeitig ländlich-rustikal. Neben Zimmern und Suiten gibt es auch Ferienwohnungen und -häuser zu mieten. Besonders schön sind die Zimmer in den Häusern De Bruyn oder Fontane. Fragen Sie nach einem Eckzimmer (DZ) mit Seeblick, die sind zwar kleiner als die Suiten, bieten aber doppelten Seeblick und haben mit ihren hellen holzvertäfelten Wänden, den vielen Fenstern und der quadratischen Form einen ganz besonderen Chalet-Charme.

**21** Gut Klostermühle  **Adresse:** Mühlenstraße 11, 15518 Briesen (Mark) OT Alt Madlitz  Tel: 0049 (0)33607 59290
Internet: www.gut-klostermuehle.com  Preise: DZ ab 79 Euro

Hotel Restaurant Café Bar Aktion // Interview Wissenswertes Rezept

# KAISERMÜHLE

Rechts und links dichte Kiefernwälder, wer Glück hat, erspäht ein Wildschwein, ein Reh oder vielleicht sogar einen Elch?! Obwohl die Kaisermühle nur knappe 1,5 Stunden von Berlin entfernt ist, führt der Weg hierhin durch eine andere Welt, fernab vom Großstadttrubel. Die Wege werden abenteuerlicher und es scheint immer unglaublicher, dass sich in dieser Abgeschiedenheit eines der besten Restaurants Brandenburgs versteckt: Die Kaisermühle. Das gelbe Fachwerkhaus, das einst als Getreidemühle diente, wurde von Constanze Mikesa in ein Restaurant und Hotel verwandelt. Die 14 Gästezimmer sind sehr verspielt, aber die schöne Lage und das ausgezeichnete Restaurant machen das wett. Am besten kommt man an einem sonnigen Tag her, um die Terrasse zu genießen, die direkt an den Wald grenzt. Selber kochen tut Frau Mikesa nicht, aber sie wacht darüber, dass auf der Speisekarte nur Gerichte landen, die sich mit dem Konzept von Slow Food vertragen. Es sind regionale Spezialitäten, manche davon kommen aus dem eigenen Garten, andere aus dem angrenzenden Wald oder den umliegenden Höfen. Auf dem Teller sieht das dann so aus: Kalte Melonensuppe mit gegrilltem Halloumi oder Schaflachse in Pflaumenjus mit Bohnen. An Konzertabenden wechselt die Küche ihren regionalen Charakter. Zu Ehren der Künstler kommen dann Gerichte aus ihren Ländern auf den Tisch.

**22** Kaisermühle  Adresse: Forststraße 13, 15299 Müllrose Madlitz  Tel: 0049 (0)33606 880  Internet: www.hotel-kaisermuehle.de  Preise: DZ ab 84 Euro Öffnungszeiten Küche: Montag – Samstag 12.00 – 20.30 Uhr, Sonntag 12.00 – 19.00 Uhr

# HAVELLAND, FLÄMING UND SPREEWALD

Der Süden Berlins zeichnet sich aus durch verträumte Dörfer, blühende Obstbäume, Kopfsteinpflaster und Backsteinbauten, eine flache Auen- und Moorlandschaft, ein Netzwerk von unzähligen Flüssen, traumhaften Alleen, prächtigen Schlössern und vor allem durch kulinarische Köstlichkeiten.
Ganz oben auf der Speisekarte stehen Birnen, Gurken und Spargel.
Die Birne erlangte Weltruhm durch Fontanes Ballade Herr von Ribbeck auf Ribbeck im Havelland, in der sie eine tragende Rolle spielt. Während damals Birnen noch eine Rarität im Havelland zu sein schienen – kamen die Kinder doch extra zum Ribbeckschen Garten um eine zu ergattern –, steht der Obstbaum heute überall im Ort. Im Schlossgarten und hinter der alten Schnapsbrennerei kann man fast von kleinen Birnenplantagen sprechen.
Fläming, wozu auch Beelitz und Umland zählen, ist national bekannt als eines der Hauptspargelanbaugebiete. Und sobald der Name Spreewald fällt, denken alle an Gurken. Bei so vielen essbaren Berühmtheiten geraten andere Attraktionen oft ins Hintertreffen, wie das preußische Dorf Paretz – ein architektonisches Meisterwerk David Gillys – oder die sorbische Kultur der Spreewälder. Es lohnt sich diese Region genauer zu erkunden.

# HOTEL ZUR BLEICHE

Das Hotel zur Bleiche ist der perfekte Ort für alle, die mal so richtig abschalten wollen. Es ist nur 1,5 Stunden von Berlin entfernt und bietet alles, was man zur Erholung braucht: mehrere Saunen, Dampfbäder, Dufträume, Pools, 75 Zimmer, 16 Suiten und über hundert Angestellte, die einen die Wünsche von den Lippen ablesen. Diese Wohltaten in Kombination mit der ländlichen Idylle des Spreewaldes haben dem Hotel Zur Bleiche mehr als einmal den Titel des besten Entspannungsortes in Deutschland eingebracht. Vielleicht auch deshalb, weil das Hotel insbesondere Städtern all jenes liefert, was man unter Landromantik versteht. Hölzerne Wände, Couchtische aus Baumstämmen, weiche weiße Sofagarnituren, aus denen man sich nie wieder erheben möchte, und sanftes Licht, das aus schweren Industrielampen scheint. Neben Wellness und Hotel gehören Zur Bleiche noch eine Bar, ein Bistro und ein Restaurant.

Eigentlich müsste man das Hotel nicht verlassen, wer es dennoch tut, findet sich in der großartigen Landschaft des Spreewaldes wieder. Hunderte von kleinen Kanälen schlängeln sich ihren Weg durch das Biosphärenreservat und laden zu Stocherkahnfahrten und Kajakausflügen ein. Über Muskelkater muss man sich keine Sorgen machen, denn der kann am Abend mit Sauna und Massage bekämpft werden.

---

**23** Hotel Zur Bleiche   Adresse: Bleichestraße 16, 03096 Burg im Spreewald
Tel: 0049 (0)35603 620   Internet: www.hotel-zur-bleiche.de
Preise: DZ ab 205 Euro

Hotel  Restaurant  Café  Bar  Shop  //  Interview  Wissenswertes  Rezept

# Ein Gespräch mit Christine Clausing
Besitzerin vom Hotel Zur Bleiche

### Das Hotel Zur Bleiche steht für Luxus. Was ist der größte Luxus, den Sie bieten können?
Unser Luxus ist, dass wir Platz haben, jeder findet bei uns seinen Rückzugsort und seinen ganz individuellen Wellnessort.

### Woher wissen Sie, was sich der einzelne Gast wünscht?
Wir sprechen viel mit unseren Gästen und nehmen Vorschläge und Anregungen gerne entgegen. Jeder soll hier seine Nische finden. Mancher mag es ganz ruhig, der kann sich z.B. in einem Honig-Milch-Bad entspannen. Ein anderer möchte eher etwas belebte Ruhe und schaut sich in unserem Kino „Landtherme Lichtspiele" ganz bequem im Bademantel den ganzen Tag Filme an.

### Ist das Hotel zu dem geworden, was Sie sich vorgestellt haben?
Als wir hier 1992 und 1993 begonnen haben, gab es nichts. Wir hatten keinen Masterplan, alles ist nach und nach entstanden, mit den Gästen gewachsen. Wir sind immer noch ständig in Veränderung. Wir gucken täglich, was kann man besser machen, was gehört wie zusammen – wie ein riesiges Dauerpuzzle.

### Wann kommen die meisten Gäste?
Das hat sich im Laufe der Jahre umgedreht – heute sind wir eher ein Winterort.

Hotel Restaurant Café Bar Aktion // Interview Wissenswertes Rezept

# EISCAFÉ URBAN

Im Spreewald gibt es zum Glück nicht nur Gurken, sondern auch andere Köstlichkeiten, wie zum Beispiel das selbst gemachte Eis der Familie Urban. Die Eismanufaktur und das Café werden in der zweiten Generation von der Familie geführt. Die Eissorten wechseln ständig, denn alles ist bio, saisonal und kommt von den Bauern aus der Nachbarschaft. Im Sommer gibt es Rhabarber, Holunder und Erdbeere, im Winter eher Walnuss, Joghurt und Eierlikör. Doch das Eiscafé Urban wäre nicht im Spreewald, gäbe es nicht auch das Spreewälder Gurkeneis oder das Quarkeis mit Leinöl. Klingt gewöhnungsbedürftig, schmeckt aber ungewöhnlich gut. Neben Eis gibt es selbst gebackenen Kuchen, der natürlich auch aus lokalen Bioprodukten ist. Das Café liegt direkt an der Hauptstraße, was aber in einem kleinen Ort wie Burg nicht besonders störend ist. Besonders schön ist es jedoch im Innenraum, der im gemütlich skandinavischen Landhausstil gehalten ist: weiß lackierte Holzmöbel, dunkle Dielen und leuchtend grüne Polster. Die Kellnerinnen sind passend dazu gekleidet mit blumigen Blusen und langen bunten Schürzen.

**24** Eiscafé Urban  Adresse: Hauptstraße 39, 03096 Burg
Tel: 0049 (0)35603 448  Internet: www.cafe-urban.de
Öffnungszeiten: März täglich 10.00 – 18.00 Uhr, Mai täglich
10.00 – 20.00 Uhr, Juni, Juli und August täglich 10.00 – 21.00 Uhr,
September täglich 10.00 – 20.00 Uhr, Oktober täglich 10.00 – 19.00 Uhr,
November Donnerstag bis Sonntag 10.00 – 20.00 Uhr

Hotel Restaurant Café Bar Aktion // Interview Wissenswertes Rezept

# KOLONIESCHÄNKE

Anstatt mit Mercedes oder VW fahren viele Gäste der Kolonieschänke mit ihrem Kanu- oder Paddelboot vor. Der Bio-Gasthof liegt am Hauptarm der Spree am Rande des Tourismusortes Burg in einem schönen alten Backsteingebäude. Hier wird nicht nur alles selbst gemacht, sondern vieles auch selbst angebaut. In den großen Beeten hinterm Haus wachsen Kräuter, Gemüse und Blüten. Besonders stolz ist man auf den hauseigenen Topinambur, der im Winter wächst und direkt aus der Erde in der Küche landet und u.a. zu Püree oder Beilagen verarbeitet wird. Besonders schmackhaft sind auch die hauseigenen Kartoffeln, die, wie es in der Region üblich ist, in Form von Pellkartoffeln mit Rohmilchquark und Leinöl serviert werden. Auch sollte man auf keinen Fall das Brot verschmähen, da es aus dem zur Kolonieschänke zugehörigen Backhaus stammt und jeden Tag frisch aus dem Holzbackofen kommt. Wer nicht gleich weiterpaddeln möchte, kann in einem der 18 Zimmer die Nacht verbringen. Wir empfehlen Ihnen die Zimmer im alten Haupthaus, da sie mehr Charme mitbringen. Alle Zimmer sind im Landhausstil eingerichtet, mit soliden Holzbetten, gemusterten Tapeten und gemütlichen Sesseln.

25 Kolonieschänke  Adresse: Ringchaussee 136, 03096 Burg
Tel: 0049 (0)35603 6850  Internet: www.kolonieschaenke.de
Öffnungszeiten: Montag – Samstag ab 14.30 Uhr, Sonntag ab 12.00 Uhr
Preise: DZ ab 68 Euro

Hotel Restaurant Café Bar Aktion // Interview Wissenswertes Rezept

# ZUM GRÜNEN STRAND DER SPREE

Der Spreewald ist eine Region für sich. Sie hat ihre eigene Sprache, Bräuche und natürlich auch Speisen. Eine kleine Geschmacksprobe von Letzterer erhält man im Landgasthof Zum Grünen Strand der Spree. Im Sommer werden in dem schönen Biergarten am Wasser sorbische Spezialitäten serviert, wie Grützwurst mit sorbischem Sauerkraut, Schlepziger Sahnequark oder hausgeräuchertem Wildschinken. Dazu gibt es selbst gebrautes Bier aus der hofeigenen Brauerei. Deftig gute Hausmannskost – wem das zu viel ist, der kann auf etwas leichtere Speisen wie Zanderfilet, Regenbogenforelle oder Salate zurückgreifen. Neben dem Biergarten direkt am Wasser gibt es noch einen etwas rustikaleren Biergarten direkt am Strand mit Liegestühlen. Hier werden im Sommer Bratwürste gegrillt und Fische geräuchert.

Eigentlich kommt es hier jedoch nicht so sehr auf das Essen wie auf das Ambiente an. Eingebettet im Kanal-Labyrinth des Spreewaldes sind beide Biergärten an lauen Sommerabenden ein Sinnbild für Landromantik und ein wunderbarer Platz, um den Großstadttrummel hinter sich zu lassen.

Neben Grützwurst, Bier und Regenbogenforelle bietet der Gasthof noch Spa-Suiten mit eigener Sauna, Maisonette-Studios und Doppelzimmer an. Möbel im Landhausstil, grau, beige und weiß, prägen die leichte, freundliche Atmosphäre.

---

**26** Zum Grünen Strand der Spree  Adresse: Dorfstraße 53, 15910 Schlepzig
Tel: 0049 (0)35472 6620  Internet: www.spreewaldbrauerei.de
Preise: DZ ab 80 Euro  Öffnungszeiten: Täglich 12.00 – 21.00 Uhr

Tagesempfehlung
Kalte Gurkenraspelsuppe
mit gartenfrischem Dill,
Spreewälder Leinöl und
Räucherlachstatar
* * *
Im Garten gebratene
Regenbogenforelle
gefüllt mit gartenfrischen Kräutern
dazu Kirschtomaten-Lauchragout
und
Dillkartoffeln


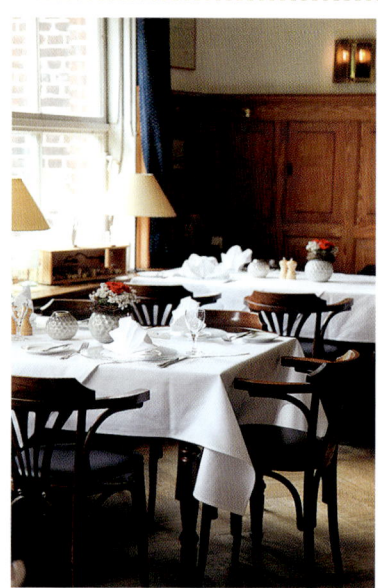

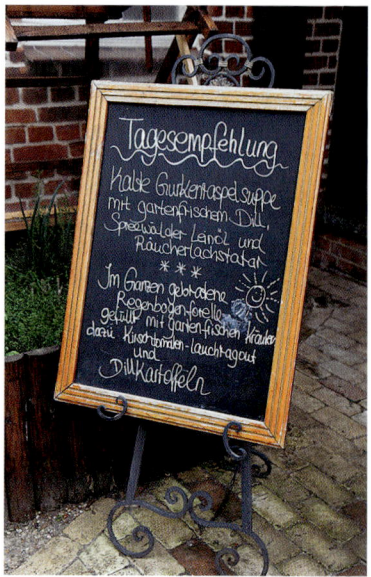

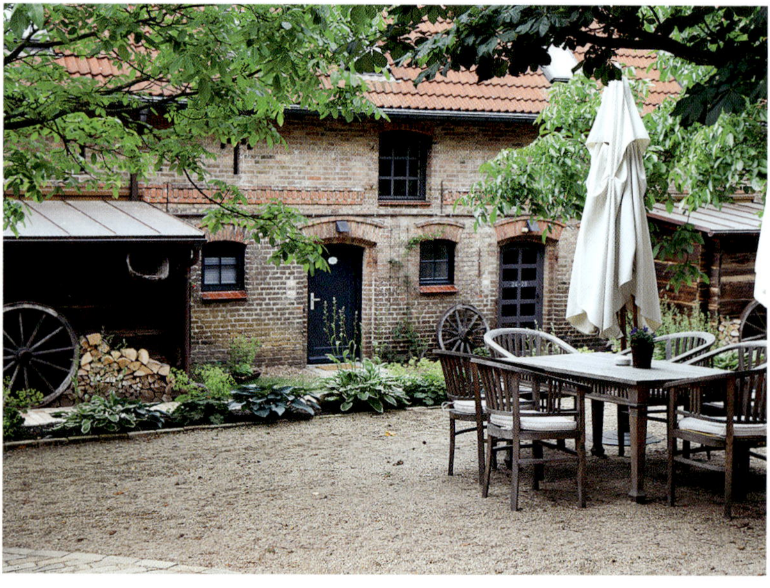

Hotel  Restaurant  Café  Bar  Aktion  //  Interview  Wissenswertes  Rezept

# GURKEN- UND PADDELTOUR

Der Spreewald ist das perfekte Reiseziel für Kajakfreunde. Die Spree verzweigt sich hier in viele, teils künstlich angelegte Fließe, die zusammen an die 400 km paddelbares Gewässer bieten. Autos sind in diesem Gebiet nutzlos. Der Hauptverkehr spielt sich auf dem Wasser ab mit allem was dazugehört: Verkehrsschildern, Einbahnflüssen, Parkplätzen und Halteverboten.
Die Möglichkeiten der Touren sind endlos und reichen von kurzen Ausflügen, die maximal eine Stunde dauern, bis hin zu mehrtägigen Trips. Eine leichte Halbtagestour, auch für Anfänger, ist die Kleine Leiper Tour, die in Lübbenau am Campingplatz auf der Schlossinsel beginnt. Die Tour führt anfangs entlang der Hauptspree vorbei an alten Blockhäusern in südöstlicher Richtung nach Lehde. Hier bietet sich die Möglichkeit für einen Zwischenstopp im Freilandmuseum, das sich der sorbischen Lebensart im 19. Jahrhundert widmet. Weiter geht es über den Lehder Graben und den Wehrkanal in den Burg-Lübbener Kanal. Unterwegs bieten sich einem die Möglichkeiten für eine kurze Verschnaufpause oder einen stärkenden Snack in der Ausflugsgaststätte Wotschofska. Kurz hinter der Gaststätte erreicht man eine Selbstbedienungsschleuse, an der man sich als Schleusenmeister versuchen kann. Weiter geht es den Rohrkanal und Tschapekfließ entlang Richtung Leipe. Die Route führt direkt in den Ortskern, in dem Blechkuchen, Eis und andere Versuchungen zur Pause verlocken. Gestärkt geht es gemächlich zurück Richtung Lübbenau.

---

**(27)** Gurken- und Paddeltour, Kleine Leiper Tour  Start: Campingplatz, 03222 Lübbenau  Dauer: (21 km/ ca. 4 Stunden)  Gasthaus Wotschofska
Adresse: Wotschofska Weg 1, 03222 Lübbenau  Tel: 0049 (0)35467601

Hotel  Restaurant  Café  Bar  Aktion  //  Interview  Wissenswertes  Rezept

## ☞ Gutshof Ogrosen

Am Rande des Spreewaldes liegt die Gutshofanlage Ogrosen mit einem wunderschönen Lehmfachwerkhaus von 1800, das unter Denkmalschutz steht, sowie großzügigen Parkanlagen, 4 Ferienwohnungen, Obstgarten und Stallungen für Ziegen, Schafe, Schweine und Kühe.
Bekannt für seinen köstlichen Bio-Ziegenfrischkäse und Quark für das Spreewälder Traditionsgericht mit Kartoffeln und Leinöl. Im Hofladen kann man neben eigenem saisonalen Obst, Gemüse und Bio-Fleisch auch noch andere Bio-Produkte und Schafwolle kaufen – und von Mai bis September hausgebackenen Kuchen und Kaffee im Hofcafé genießen.

Adresse: Ogrosener Dorfstraße 35, 03226 Vetschau/Spreewald
Tel: 0049 (0)35436 218, Internet: www.gut-ogrosen.de, Hofladen: Dienstag 15.00 – 18.00 Uhr, Freitag 9.00 – 18.00 Uhr, Samstag 9.00 – 14.00 Uhr

Hotel  Restaurant  Café  Bar  Aktion  //  Interview  Wissenswertes  Rezept

# KORNSPEICHER STRAUPITZ

Das alte Fachwerkgebäude aus dem 18. Jahrhundert liegt zwischen Schinkelkirche und Schloss und diente bis 1992 als Kornspeicher. Nach einer gründlichen Sanierung wurde es 2005 wieder eröffnet und beherbergt heute eine Ausstellung, eine Töpferwerkstatt und einen Begegnungsraum, in dem es Kaffee und Kuchen gibt. Im Sommer weitet sich das Geschehen in den großen Garten aus. Unter alten Eichen, an hölzernen Tischen schmeckt der selbst gebackene Streuselkuchen gleich doppelt so gut.
Die Ausstellung zeigt Zeitzeugnisse der letzten beiden Jahrhunderte. Der Bestand an antiken Gerätschaften, historischen Haushaltsgegenständen und traditioneller Kleidung ist umfassend und zieht sich über drei Ebenen. Bei der Renovierung des Gebäudes wurde darauf geachtet, den Originalzustand zu bewahren bzw. ihn möglichst originalgetreu wieder herzustellen. Derbe Holzbalken, Dielen und unverputzte Wände verschaffen dem Besucher einen guten Eindruck, wie es hier einmal gewesen sein muss.
In der Töpferwerkstatt erklären Profis den Besuchern das Handwerk und bieten Töpferkurse an. Wer sich nicht selber die Hände schmutzig machen möchte, kann in der kleinen Galerie das Kunsthandwerk erstehen.

**28** Kornspeicher Straupitz  Adresse: Kirchstraße 12, 15913 Straupitz
Tel: 0049 (0)35475 804709  Öffnungszeiten: Sommer: Dienstag – Sonntag 10.00 – 18.00 Uhr, Winter: Dienstag – Freitag 12.00 – 16.00 Uhr, Samstag, Sonntag 11.00 – 17.00 Uhr

Hotel  Restaurant  Café  Bar  Aktion  //  Interview  Wissenswertes  Rezept

# WILDSCHWEINBÄCKEREI

Die Mitglieder der Familie Paulus sind Spezialisten, wenn es um das Thema Wild geht. Seit zwei Generationen beschäftigen sie sich als Jäger und Waldarbeiter mit dem Thema und seit nunmehr fast 20 Jahren auch kulinarisch.
Der Name der Gaststätte erklärt sich aus der Zubereitungsart des Fleisches. In großen, uralten Steinöfen wird hier das Wild gebacken. Im Namen enthalten ist ebenfalls das Tier, um welches es sich hauptsächlich handelt: das Wildschwein. Geheizt wird ausschließlich mit Buche, denn das Holz ist relativ geschmacksneutral. Mindestens vier Stunden gart das Wildschwein bei extrem hoher Hitze, bis es saftig und zart auf den Tellern landet. Neben Wildschwein zählen Reh, Hirsch, Hase, Fasan und Wildente zu den Spezialitäten des Hauses. Alle Wildsorten werden in einer Beize nach Forstmeisterart eingelegt. Diese Beize besteht aus Rotwein, gekochtem Wurzelgemüse, Wachholderbeeren, Fichtenzweigen und anderen Kräutern. Als Beilage gibt es selbst gemachte Klöße, Rotkohl, Pilze und Kartoffeln. Ähnlich rustikal ist das Ambiente. Der Garten ist verwinkelt mit vielen kleinen Sitznischen und die Stube urig. Nach oder vor dem Essen bietet sich eine Wanderung an. In unmittelbarer Nähe liegt der Schwielowsee umgeben von sanften Hügeln, dichten Wäldern und goldenen Feldern.

**29** Märkische Wildschweinbäckerei  Adresse: Beelitzer Straße 68, 14548 Schwielowsee/OT Ferch  Tel: 0049 (0)33209 70626
Internet: www.wildschweinbaeckerei.de  Öffnungszeiten: Mittwoch – Freitag 12.00 – 22.00 Uhr, Samstag 12.00 – 24.00 Uhr, Sonntag 12.00 – 20.00 Uhr, Montag und Dienstag geschlossen

Hotel  Restaurant  Café  Bar  Aktion  //  Interview  Wissenswertes  Rezept

# KOCHZIMMER BEELITZ

Seit über drei Jahren machen Claudia und Jörg Frankenhäuser in ihrem Kochzimmer, wonach ihnen der Sinn steht, und das ist die Wertschätzung des Küchenhandwerks. Regional und saisonal ist den beiden zu abgegessen und angespannt. Bei ihnen steht die Qualität des Produktes im Vordergrund und mit dem darf kreativ und spielerisch umgegangen werden. Es geht um die Freude am Genießen, dem Zelebrieren von Essen – und dazu passen keine strengen Dogmen. Dass man das Beste oft vom Acker nebenan bekommt, ist dem Paar sowieso schon lange klar.

Die Freude am Genuss spürt man im Kochzimmer sofort. Die Begrüßung ist freundlich, die Atmosphäre locker. Ob in Jeans und Turnschuhen oder im kleinen Schwarzen – im Kochzimmer sind alle willkommen. Die Hauptsache ist, dass der Gast sich wohlfühlt. Und es ist schwer, sich nicht wohlzufühlen bei Bachforelle mit feinem Kohlrabi, Lammrücken mit glasierter Beete oder Rind mit Beelitzer Kürbis. Der lang gezogene Raum mit den freigelegten Backsteinwänden, kombiniert mit einem sanften Grün, ledernen Freischwingern, der offenen Bar und weiß eingedeckten Tischen, tut sein Übriges. Wie fast überall auf dem Land ist es im Sommer jedoch am schönsten, wenn man auf der großen Terrasse sitzen kann, die sich zum Garten hin öffnet.

30 Kochzimmer  Adresse: Berliner Straße 195, 14547 Beelitz
Tel: 0049 (0)33204 709366  Internet: www.kochzimmer-beelitz.de
Öffnungszeiten: Mittwoch – Sonntag 12.00 – 22.00 Uhr

Hotel  Restaurant  Café  Bar  Aktion  //  Interview  Wissenswertes  Rezept

# PARETZ

Gerade noch Kaufland, Schlaglöcher und grauer Beton, befindet man sich auf einmal umgeben von sorgfältig restaurierten Häusern aus dem 19. Jahrhundert, holpert über makelloses Kopfsteinpflaster und ertappt sich bei dem Gefühl, aus der Zeit gefallen zu sein. Das kleine Dorf Paretz in der Nähe von Potsdam ist ein Paradebeispiel preußischer Landbaukunst, erschaffen von niemand minder als David Gilly, dem Lehrmeister Karl Friedrich Schinkels. Das architektonische Zentrum ist das „königliche Landhaus" oder auch Schloss Paretz. Nach dem Krieg vernachlässigt und dem Verfall überlassen, wurde es Mitte der 90er-Jahre vom Land Brandenburg angekauft und in den kommenden Jahren rekonstruiert. Seitdem das Schloss wieder für die Öffentlichkeit zugänglich ist, ist auch das Dorf aus seinem Dornröschenschlaf erwacht. Besonders Pferdefreunde sind hier gut aufgehoben, da Paretz trotz seiner bescheidenen Größe gleich über einen Reitstall und über einen Ponyhof verfügt. Letzterer bietet auch die Möglichkeit dort zu übernachten. Besonders romantisch, wenn auch einfach, sind die Betten auf dem Heuboden, direkt über den Ställen. Unten scharren die Pferde im Stroh, oben schläft man auf einfachen Lagern mit Moskitonetz und frischer Landluft. Wer mehr Komfort möchte, kann sich in einer der drei Ferienwohnungen einquartieren. Sogar einen kleinen Spa-Bereich hat der Storchenhof zu bieten mit Sauna und Ayurveda-Behandlungen. Jeden Sonntag und an Feiertagen empfängt das Hofcafé mit Kuchen, Eis und kleinen Snacks.

**31** **Storchenhof Paretz** Adresse: Werderdammstraße 12, 14669 Paretz
Tel: 0049 (0)33233 73710   Internet: www.storchenhof-paretz.de
Preise: ab 165 Euro (2 Nächte)

Storchenhof Paretz
...der Kinderbauernhof
im historischen Ensemble...
: 033233/73710

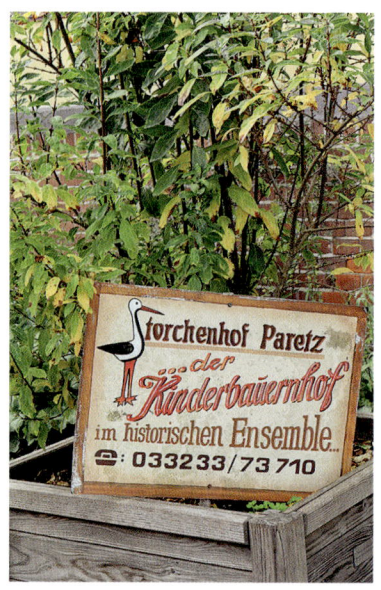

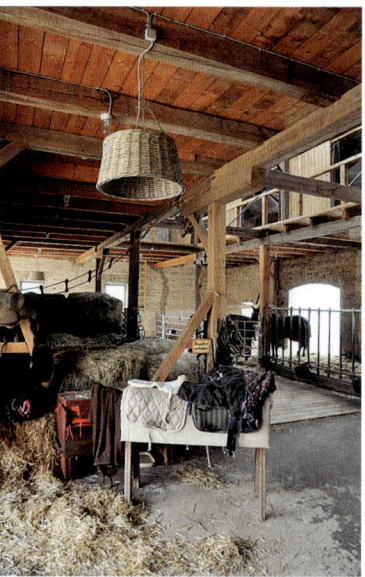

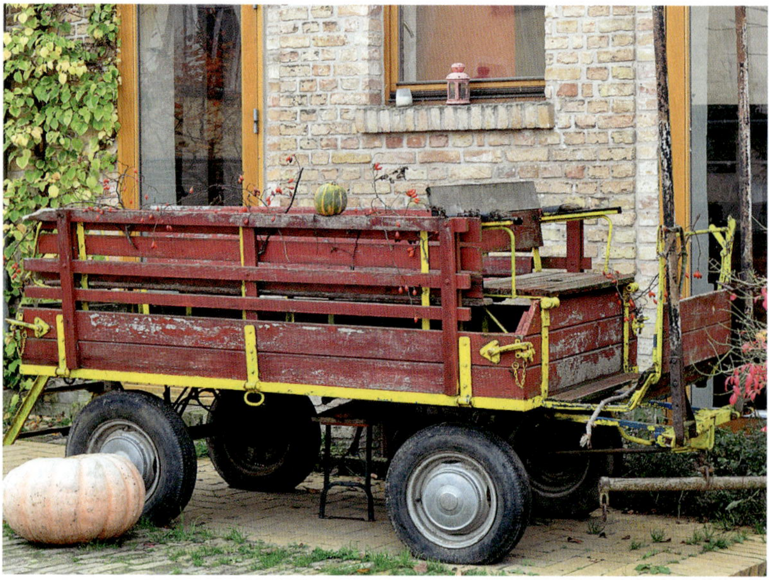

**SMART TRAVELLING**

## GUT ZU WISSEN

Das Berliner Umland ist sehr vielseitig und hat mehr zu bieten, als sich in einem Buch festhalten lässt. Darum erfahren Sie hier nur das, was für eine perfekte Woche interessant und nützlich sein könnte: Wissenswertes über die Kultur und Lebensart, eine kleine subjektive Auswahl an Sehenswürdigkeiten, auserlesene kulinarische Highlights und Tipps für Unternehmungen.

## KULINARISCHE SPEZIALITÄTEN

Die Brandenburger und Mecklenburg-Vorpommersche Küche hat viele slawische Einflüsse, die Überbleibsel sind von Vorbewohnern, Zuwanderern und deutschen Flüchtlingen aus den ehemals preußischen, böhmischen und schlesischen Gebieten. Es ist eine eher bodenständige Küche, deren Reiz nicht in vielen Gewürzen oder aufwendiger Zubereitung liegt, sondern im Einfachen, doch qualitativ Hochwertigen.

Typische Zutaten sind Schweinefleisch, Gans, Wild, Hülsenfrüchte, Kartoffeln, Gurken und Rüben. Außerdem profitiert man in den beiden Bundesländern von den zahlreichen Binnenseen, die die Bevölkerung reichhaltig mit Fisch versorgen. Typische Fischsorten für die Region sind Hecht, Zander, Aal, Forelle und Karpfen. Mecklenburg-Vorpommern hat natürlich des Weiteren den Vorteil der Ostseeküste.

Im Herbst liefern die zahlreichen Brandenburger Wälder außerdem Massen an Pfifferlingen, Maronen und Steinpilzen sowie Wild. Im Frühjahr ist das Berliner Umland bekannt für den Beelitzer Spargel.

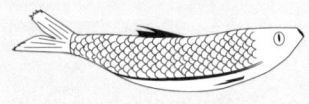

Spreewälder Gurken

Die Spreewälder Gurken sind wohl der bekannteste Import aus dem Berliner Umland und haben eine lange Tradition insbesondere im Spreewald. Bereits in *seinen Wanderungen durch die Mark Brandenburg* stellte Fontane fest, dass die Gurken zu den wohl wichtigsten landwirtschaftlichen Erzeugnissen der Region gehören.

Die Spreewälder Gurken sind in Essig sowie mit verschiedenen Gewürzen eingelegt, zu denen Dill, Pfefferkörner, Estragon, Lorbeer und Senfkörner gehören. Das Rezept variiert jedoch von Familie zu Familie.

=> Gurken-Radweg

Wie wichtig die Spreewald-Gurke für die Region ist, zeigt auch der Fakt, dass ihr eigens ein Radweg gewidmet wurde. Der größte Teil des Radwegs führt durch das UNESCO-Biosphärenreservat Spreewald vorbei an gemütlichen Dörfern, traditionellen Gurkenfeldern, durch helle Erlenwälder und entlang der zahlreichen Fließen, die das Gebiet durchziehen. Wer Glück hat, kann Störche, Kraniche oder sogar Seeadler sehen. Der Radweg umfasst 260 km, kann aber auch streckenweise befahren werden und führt unter anderem über Lübbenau, Burg, Lübben und Cottbus. Folgen Sie immer dem Hinweisschild mit der „Fahrrad fahrenden Gurke".

Mehr Informationen zum Radweg unter www.spreewald.de

Plinsen

Die Plinse ist der brandenburgische Eierkuchen, hergestellt aus Eiern, Salz, Milch und Mehl. Anstelle von Milch wird jedoch oft Buttermilch verwendet. Sie kann sowohl in süßer Kombination mit Apfelmus oder Zucker und Zimt als auch herzhaft mit Käse oder Schinken gegessen werden.

### Kartoffeln mit Quark, Schalotten und Leinöl

Leinöl gehört nicht nur, dank seines hohen Anteils an Omega-3-Fettsäure, zu den gesündesten Nahrungsmitteln, sondern auch mit zu den ältesten. Der Flachs, von dem die Leinsamen entnommen werden, zählt zu den frühesten Agrarpflanzen in unseren Breiten und wurde schon in der Jungsteinzeit genutzt.

Bevor es Kühlschränke gab, wurde Leinöl auch dazu benutzt Milchspeisen länger zu konservieren. Das Öl bildet eine schützende Schicht auf der Milch und hält sie länger frisch. Vielleicht entstand aus dieser Konservierungsmethode irgendwann das bis heute beliebte Gericht: Kartoffeln mit Quark und Leinöl.

### Wrukeneintopf

Wruke ist ein anderes Wort für die gute deutsche Steckrübe. In der Uckermark macht man aus ihr in Kombination mit Kassler, Kartoffeln und anderem Wurzelgemüse den traditionellen Wrukeneintopf.

### Klemmkuchen

Der Klemmkuchen ist die Brandenburger Variante der Hippe. Er wurde im 12. Jahrhundert von flämischen Einwanderern in die Region gebracht, die heute noch den Namen Fläming trägt. Traditionell wird das Gebäck aus Zucker, Ei, Mehl und Milch über dem offenen Feuer in einem Klemmkucheneisen gebacken. Während es in früheren Zeiten eher pur gegessen wurde, ist es heute sehr beliebt, den Klemmkuchen mit Sahne zu füllen.

### Spreewaldsoße

Nicht wegzudenken aus Brandenburg ist die berühmte Spreewaldsoße. Bereits Fontane schwärmte von ihr in *seinen Wanderungen durch die Mark Brandenburg:* „Das wäre kein Spreewaldsmahl, wenn kein Hecht auf dem Tisch stände, und das wäre kein Hecht, wenn ihn nicht die berühmte Spreewaldsauce begleitete, die mir wichtig genug erscheint, um hier das Rezept in seinen äußersten Umrissen folgen zu lassen. Das Geheimnis dieser Sauce ruht in der kurzen Formel: wenig Butter, aber viel Sahne." Außer Butter und Sahne gehört noch eine Mehlschwitze und Fischbrühe zum Rezept. Die Grundsauce kann verfeinert werden mit Petersilie, Dill und anderen Gewürzen.

### Knieperkohl oder Sur'n Hansen

Der Knieperkohl ist für die Brandenburger das, was für die Hamburger der Grünkohl ist. In der Region

Prignitz hat man es sogar zum Nationalgericht erklärt. Es besteht aus verschiedenen Kohlsorten, die ca. sechs Wochen lang sauer eingelegt werden. Danach wird der Kohl geschmort und mit Speck, Eisbein oder Kohlwurst serviert. Hauptsaison für den Knieperkohl ist im Winter, dann finden Sie ihn auch auf fast jeder Speisekarte im Berliner Umland und auf jeden Fall in der Prignitz.

## Pommerscher Kaviar

Der Pommersche Kaviar ist, wie der Name verrät, eine Spezialität aus Mecklenburg-Vorpommern. Es handelt sich hierbei aber nicht um Fischeier, sondern um Gänseflomen (Unterhaut-Fettgewebe), der gewürzt mit Majoran und Zwiebeln als Brotaufstrich gegessen wird.

## Räucherfisch

Insbesondere in Mecklenburg-Vorpommern, aber auch in Brandenburg gibt es zahlreiche Räucherstuben, in denen Aal, Forelle, Lachs und Co. haltbar gemacht und verkauft werden.

## Fliederbeerensuppe

Die Fliederbeerensuppe ist eine köstliche Gesundheitsbombe. Die Suppe aus Holunderbeeren mit Eierklößchen wird im Sommer kalt gegessen und im Winter heiß. Sie ist ein Hausmittelchen gegen Erkältungen.

# BRANDENBURGER KÜCHE HEUTE – UNSERE HIGHLIGHTS

Doch nicht alles in Brandenburg ist Plinsen und Spreewaldsoße. In den letzten Jahren hat sich in den Küchen rund um die deutsche Hauptstadt viel getan. Immer mehr Berliner und auch Hamburger verlassen die großen Städte und verwirklichen sich und ihre Ideen auf dem Land. Im vorderen Teil haben wir Ihnen schon einige vorgestellt, wie Frank Buthmann vom Kleinen Haus in Linnum oder Andreas Staack vom As am See in Bad Saarow. Auch die Köche und Bäcker aus der Region entdecken die deutsche Küche neu. Heute muss also keiner mehr sein Essen mitnehmen, wenn er nach Brandenburg fährt, wie Rainald Grebe es in seinem Lied über die Region besingt.

## Philippsthal

Im Restaurant Philippsthal müssen die Gäste essen, was auf den Tisch kommt und das ist gut so. Chef Guido

Kachel folgt keinem starren Konzept, sondern nimmt, was er bekommt, Hauptsache es ist frisch, qualitativ hochwertig und regional. Wenn ein Jäger anruft und ihm ein Reh anbietet, dann gibt es in den nächsten Tagen Rehbraten – in der Herbstzeit vielleicht mit Pastinaken und Kastanien. Ist Rübchen-Saison, dann wird zum Beispiel Lachsfilet mit rotem Rübchen aufgetischt. Alle Gerichte werden mit Kräutern aus dem eigenen Garten verfeinert. Das Restaurant befindet sich in einer ehemaligen Ritterschänke, doch nichts erinnert daran. Das Philippsthal ist hell und freundlich eingerichtet mit einem offenen Kamin, Backsteinwänden und freigelegten Dachbalken.

Philippsthaler Dorfstraße 35,
14558 Nuthetal
Tel: 0049 (0)33200 524432
www.restaurant-philippsthal.de
Täglich ab 12.00 Uhr

Goldener Hahn
Der Goldene Hahn in Finsterwalde ist fast schon ein Klassiker. Seit mehreren Jahren gehört der Familienbetrieb unter Leitung von Frank Schreiber zu den besten Restaurants der Region. Er hat es sich auf die Fahne geschrieben, traditionelle Gerichte modern und kreativ zuzubereiten. Dafür verwendet er hauptsächlich Produkte regionaler Herkunft. Hier kann man zum Beispiel die berühmten Brandenburger Plinsen als Einlage in der Tomaten-Bouillon genießen oder die traditionelle Entenbrust raffiniert kombiniert mit Sauerkirsch-Jus und Kastaniencreme probieren.

Bahnhofstraße 3, 03238 Finsterwalde
Tel: 0049 (0)3531 2214
www.goldenerhahn.com
Dienstag – Freitag ab 17.30 Uhr,
Samstag ab 12.00 und ab 17.30 Uhr

Bäckerei & Konditorei Neuendorff
Der beste Käsekuchen Brandenburgs kommt aus Teltow. Seit über 400 Jahren wird in dem Eckhaus in der Bäckerstraße gebacken. Zurzeit schwingt Thomas Neuendorff die Kuchenrolle. Über 60 Tortensorten hat er im Sortiment, die er auf diversen Wochenmärkten in Brandenburg, in Potsdamer Cafés und über das Internet verkauft. Das Handwerk hat er von seinem Vater erlernt, der übrigens auch der Einzige ist, der außer Thomas den alten Rathenower Schamott-Ofen bedienen darf. Thomas Neuendorffs Käsekuchen-Bandbreite reicht von der Käse-Kirschtorte

über die Käse-Mohntorte bis hin zur Käse-Marzipantorte.

Bäckerstraße 1, 14513 Teltow
Tel: 0049 (0)3328 41461
Montag – Freitag 6.00 – 17.00 Uhr
und Sonnabend 6.00 12.00 Uhr

Rosenrot und Feengrün
Marmeladenmanufaktur
Rosenrot und Feengrün – der Name klingt wie aus einem Märchen und märchenhaft ist es auch, was Andrea Veltjens da zaubert. Seit 10 Jahren begeistert sie Menschen weltweit mit ihrer Marmelade, denn dank ihres Online-Shops schickt sie ihre Gläser bis in die USA. Neben Klassikern gehören ausgefallenere Sorten wie Himbeer-Basilikum-Marmelade, Stachelbeere mit Lemonminze, Erdbeere mit Minzbasilikum und Tomatenmarmelade zu ihrem Repertoire. Marmeladekochen ist Andreas Leidenschaft und das schmeckt man. In ihrem Hofladen und Wiesencafé verkauft sie außerdem selbst gebackenen Blechkuchen mit Obst aus dem Spreewald.

Ringchaussee 108,
03096 Burg im Spreewald
Tel: 0049 (0)35603 547
www.rosenrotundfeengrün.de

## KULTUR UND ARCHITEKTUR, DIE MAN NICHT VERPASSEN SOLLTE

Dorfkirche Straupitz
Die Dorfkirche in Straupitz aus dem 19. Jahrhundert ist eines von Karl Friedrich Schinkels vielen Meisterwerken und unbedingt einen Besuch wert. Das rechteckige Gebäude im klassizistischen Stil ist mit einem roten Satteldach gedeckt und seine beeindruckenden weißen Türme sind schon aus der Ferne zu sehen. Auch sonst ist das Gotteshaus alles andere als unauffällig. 1700 Menschen haben in der Kirche Platz, was enorm ist im Vergleich zu der Größe des kleinen Dorfes am Rande des Spreewalds. Der Innenraum mit seinen klaren Formen, den strahlend weißen Bänken und den zarten Blau- und Grüntönen ist von beeindruckender Schönheit. Gemeinsam mit dem Herrenhaus von Straupitz bildet die Dorfkirche ein Bauensemble. In den Neunzigerjahren wurde die Kirche saniert und in ihren Originalzustand zurückversetzt.

Kirchstraße, 15913 Straupitz
Dienstag – Freitag 11.00 Uhr und
15.00 Uhr für jeweils eine Stunde.
An Sonntagen kann die Kirche im
Anschluss an den 10.00-Uhr-Gottesdienst besichtigt werden.

Schinkelkirche Großbeeren
Genauso sehenswert wie die Dorfkirche in Straupitz ist auch ihr Vorgänger – die Schinkelkirche Großbeeren. Der neogotische Putzbau wurde 1820 und damit einige Jahre vor Straupitz erbaut. Sie war ein Geschenk Friedrich Wilhelm III. an das Dorf anlässlich der hier in 1813 stattgefundenen Schlacht.
Neben den klassizistischen Formelementen, die den Bau schmücken, sind auch insbesondere das Glasgemälde und das dreibahnige Altarfenster, entworfen von Carl Busch, wunderschön.

Ruhlsdorfer Straße 2,
14979 Großbeeren
Besichtigung: Sonntags im Anschluss an den 10.00-Uhr-Gottesdienst

Kloster Chorin
In der Nähe des Ortes Chorin liegt das Kloster Chorin, das von Karl Friedrich Schinkel als „des Landes schönster Schmuck" bezeichnet wurde. Das ehemalige Zisterzienserkloster wurde 1273 als Hauskloster der Askanier erbaut und gilt als einzigartiges Bauwerk der norddeutschen Backsteingotik. Mit seinen gotischen Formen und der filigranen Ornamentierung gliedert es sich ein in die Reihe der großen Dome von Köln, Paris oder Siena. Heute informiert im Kloster Chorin eine Ausstellung über die bewegte Vergangenheit des Baudenkmals und über das Leben der Mönche. Außerdem finden in den Räumlichkeiten wechselnde kulturelle Veranstaltungen statt und im Abthaus wird zeitgenössische Kunst ausgestellt.
In dem Klostercafé gibt es frisch gebackenen Kuchen vom Ökodorf Brodowin, selbstverständlich werden nur Bio-Produkte verwendet.

Amt Chorin 11a, 16230 Chorin
Tel: 0049 (0)33366 70377
www.kloster-chorin.org
Sommer: Täglich 9.00 – 18.00 Uhr
Winterzeit: Täglich 10.00 – 16.00 Uhr
Klostercafé: April – Oktober
10.00 – 18.00 Uhr

Ökodorf Brodowin
Nachdem der Geist im Kloster Chorin erfrischt wurde, empfiehlt sich

eine Wanderung durch das Biosphärenreservat Schorfheide-Chorin zu dem knapp 6 km entfernten Ökodorf Brodowin. Das Ökodorf ist der größte Demeter-Betrieb in Deutschland und gleichzeitig einer der schönsten. Wer es verpasst hat, im Klostercafé den ausgezeichneten Kuchen zu probieren, bekommt im Hofladen noch einmal die Chance dazu. Auch für den größeren Hunger ist gesorgt. Auf der Terrasse oder im Laden gibt es herzhafte Landgerichte. Außerdem kann man sich hier mit Bioprodukten für Zuhause eindecken. Das Angebot reicht von Kochkörben, die alles für einen Smoothie zum Selbermachen beinhalten, bis hin zu Lammcurry im Glas. Im Sommer gibt es selbst gemachtes Eis aus Brodowiner Milch und Konzerte auf dem Hof.

Weißensee 1, 16230 Chorin
OT Brodowin
Tel: 0049 (0)33362 70610
www.brodowin.de

Hofladen:
Brodowiner Dorfstraße 89,
16230 Chorin OT Brodowin
April – Oktober: Montag – Samstag
9.00 – 18.00 Uhr, Sonntag
10.00 – 18.00 Uhr
November – März: Dienstag – Freitag
10.00 – 18.00 Uhr, Samstag – Montag
10.00 – 16.00 Uhr.

Schloss Neuhardenberg
Gelegen inmitten eines großzügig gestalteten Landschaftsparks, bietet das Schloss Neuhardenberg Platz und Komfort für Erholung, aber auch Ruhe für Tagungen und Feierlichkeiten. Die 54 Zimmer sind schlicht, aber sehr geschmackvoll und luxuriös eingerichtet. Zum Entspannen stehen eine Sauna und ein Dampfbad bereit. Außerdem hat das Schloss gleich zwei hervorragende Restaurants anzubieten: In der Orangerie wird eine mediterrane Kräuterküche angeboten und in der im Landhausstil eingerichteten Brennerei werden regionale Spezialitäten aus der Mark Brandenburg serviert.
Das ganze Jahr über finden im Schloss hochkarätige Kulturveranstaltungen statt.

Schinkelplatz, 15320 Neuhardenberg
Tel: 0049 (0)33476 6000 oder

0049 (0)30 8892900
www.schlossneuhardenberg.de

Rohkunstbau
Seit zwei Jahrzehnten findet einmal im Jahr die Ausstellungsreihe Rohkunstbau statt, die sich zeitgenössischer Kunst und Kultur widmet und sich für die Wiederentdeckung und Neubelebung fast vergessener Kulturstätten in den ländlichen Regionen Brandenburgs einsetzt. Die Gruppenausstellung widmet sich wechselnden, relevanten Themen der Gegenwart und setzt sich kritisch mit ihnen auseinander. Die Location der Ausstellung wechselte in den letzten zwanzig Jahren häufiger. Doch seit 2012 scheint sie im Schloss Roskow, zumindest für die kommenden Jahre, eine feste Bleibe gefunden zu haben.

www.boell-brandenburg.de

Kulturschloss Roskow
Dorfstraße 30, 14778 Roskow
www.kulturschloss-roskow.de

Künstlerdorf Ihlow
Eine spätromanische Kirche aus dem 13. Jahrhundert, drei grüne Dorfteiche, Scheunen und alte Katen aus Feldsteinen – das Künstlerdorf Ihlow ist ein typisches Angerdorf, wie sie früher zuhauf in der Märkischen Schweiz zu finden waren. Doch anstatt Schmieden, Bauern und Co. wohnen heute hier fast ausschließlich Kreative. Die Scheunen sind Ateliers, in den Speichern lagern statt Korn antiquarische Bücher und anstelle der sonntäglichen Messe trifft man sich zu Vernissagen und Performances. Regelmäßig wird auch die Öffentlichkeit eingeladen, am kreativen Leben in Ihlow teilzunehmen. Dann öffnen die Höfe ihre Pforten und zeigen ihre Kunstwerke. Wer länger Teil dieser kreativen Szene sein möchte, kann sich bei Marion Rothschild auf dem Biohof einquartieren. Die eine der beiden Ferienwohnungen hat sogar ein Klavier, an dem man, ungestört von eventuellen Nachbarn, in die Tasten hauen kann. Wen soviel Kreativität hungrig macht, der findet im Hofcafé selbst gebackenen Kuchen, Eis, frische Salate sowie Gerichte vom Ihlower Sattelschwein – alles Bio versteht sich.

www.offene-hoefe-ihlow.de
Biohof Ihlow
Ihlower Ring 14, 15377 Ihlow
Tel: 0049 (0)33437 89789
www.biohof-ihlow.de

## Brecht-Weigel-Haus

Bei einem Besuch des Brecht-Weigel-Hauses versteht man, warum der Schriftsteller und die Schauspielerin das Haus zu ihrem Sommersitz und Atelier gewählt haben. Das Anwesen liegt direkt am Schermützelsee und die riesigen Fenster bieten einen traumhaften Blick. Seit 1977 ist das Haus eine Gedenkstätte für das Künstlerehepaar. Im Haupthaus ist eine Ausstellung untergebracht, die Einblicke in das Leben und Schaffen des Künstlerpaares gewährt. Im Bootshaus befindet sich ein weiterer Ausstellungsraum, der wechselnde Ausstellungen zeigt. Außerdem findet auf dem Anwesen jährlich die Veranstaltungsreihe Litertursommer statt, mit einem Kulturprogramm aus Lesungen, Konzerten, Diskussionen und Filmen.

Bertolt-Brecht-Straße 30,
15377 Buckow
Tel: 0049 (0)33433 467
www.brechtweigelhaus.de
April – Oktober: Mittwoch – Freitag
13.00 – 17.00 Uhr, Samstag, Sonntag
und Feiertage 13.00 – 18.00 Uhr,
November – März:
Mittwoch – Freitag 10.00 – 12.00 und
13.00 – 16.00 Uhr, Samstag, Sonntag
11.00 – 16.00 Uhr

## Feldsteinpyramide Garzau

Majestätisch liegt sie da: knapp 14 Meter hoch, unbehauene Feldsteine, ein weißes griechisch anmutendes Eingangsportal. Die Feldsteinpyramide Garzau ist die größte Feldsteinpyramide Deutschlands und löst beim Betrachter oft Verwunderung aus – würde man so einen Bau doch eher in Ägypten als im Märkisch-Oderland erwarten. Friedrich Wilhelm Carl Graf von Schmettau ließ die Pyramide 1764 errichten, zu einer Zeit, in der Ägypten in den Fokus der Europäischen Elite rückte, was sich auch in der Architektur widerspiegelte. Die Pyramide war ehemals umgeben von einem Park nach englischem Vorbild und im Inneren mit Skulpturen und Wandgemälden ausgestattet. An den Außenseiten führten Treppen auf die Spitze der Pyramide, von wo aus man einen Blick über die ganze Anlage und das Haus bis nach Garzau hatte. Vermutlich sollte die Pyramide als Grabstätte des Grafen dienen. Er verkaufte das Anwesen jedoch noch vor seinem Tod und die Pyramide verfiel, bis man sie 1999 wiederentdeckte, freilegte und bis auf den Innenraum weitgehend in den Originalzustand zurückversetzte.

www.pyramide.garzau.de

Eisenhüttenstadt

Eisenhüttenstadt, gelegen an der Grenze zu Polen, knapp 30 Minuten von Frankfurt (Oder) entfernt, ist die einzige deutsche Stadt, die nach dem Krieg komplett neu gegründet wurde. Sie gilt als die erste sozialistische Stadt und ist auf dem Reißbrett entstanden. Sie wurde als sozialistische Wohnstadt für die Angestellten des Eisenwerkes geplant. Zu DDR-Zeiten galt die Stadt als Vorzeigeprojekt sozialistischer Wohnkultur und war einer der beliebtesten Wohnorte.

Für Architekturliebhaber und alle, die sich für die Geschichte der DDR interessieren, ist die Stadt faszinierend. Keine andere Stadt in Deutschland ist dermaßen konsequent durchgeplant und steht so beispielhaft für eine Epoche. Auch die öffentliche sozialistische Kunst ist noch zu großen Teilen erhalten und verwandelt die Stadt in eine Open-Air-Galerie.

Großgaststätte Aktivist und Bierschwemme

Zu DDR-Zeiten hatte die Großgaststätte Aktivist Kultstatus. Aus ganz Ostdeutschland kamen die Menschen, um hier zu essen und zu tanzen. Nach über 20 Jahren Leerstand wurde das alte Gebäude nun in den Originalzustand aus den 50er-Jahren zurückversetzt. Leider ist der Aktivist keine Gasstätte mehr, sondern dient als Verwaltungsgebäude, was aber nicht davon abhält, einen Blick ins Innere zu werfen und die prächtige goldverzierte Treppe und die Originalkronleuchter zu bewundern. In der Bierschwemme nebenan, die Teil des Gastrokomplexes war, kann man sich bei einem Glas Bier vom architektonischen Overkill erholen. Neben Bier gibt es Kaffee und Kuchen, Frühstück, Mittags- und Abendküche.

Karl-Marx-Straße 45,
15890 Eisenhüttenstadt
Tel: 0049 (0)3364 2800788
Montag – Sonntag 11.00 – 14.00 Uhr
und Dienstag 17.00 – 21.00 Uhr,
Samstag 11.00 – 21.00 Uhr

Dokumentationszentrum
Alltagskultur der DDR

In dem Dokumentationszentrum sind ca. 170 000 Gegenstände aus dem ostdeutschen Alltag gesammelt, die einen Einblick in die Kultur-, Sozial- und Alltagsgeschichte der DDR geben.

Erich-Weinert-Allee 3,
Tel: 0049 (0)3364 417355
www.alltagskultur-ddr.de
Dienstag – Sonntag 11.00 – 17.00 Uhr
Preise: 4 Euro / ermäßigt 2 Euro

## DIE SCHÖNSTEN WANDERUNGEN

Mit dem Esel durch die Uckermark
Wie gerne würde man tagelang durch das Land ziehen, alles hinter sich lassen und abschalten. Doch oft drückt schon nach wenigen Stunden der Rucksack und der Rücken tut weh. Hätte man nur einen Esel! Den kann man sich jetzt in der Uckermark mieten. Für ein paar Stunden oder auch für bis zu zwei Tage stehen einem die gutmütigen Langohren zur Verfügung, tragen den Picknickkorb und sorgen für Entschleunigung, denn so ein Esel hat seinen eigenen Kopf und Fresspausen sind für ihn eine Selbstverständlichkeit. Die Touren führen durch den Naturpark Oderland oder durch das Biosphärenreservat Schorfheide-Chorin. Wer sich für eine zweitägige Wanderung entscheidet, übernachtet auf dem Heuboden oder in einer Hängematte in der Scheune, natürlich mit Esel.

Packeseltouren Brandenburg
Ernst-Thälmann-Straße 11, 16248 Lunow-Stolzenhagen
Tel: 0049 (0)33365 34807
www.packeseltouren-brandenburg.de

Mit der Ziege durch den Oderbruch
Alternativ kann man auch mit einer Ziege durch den Oderbruch wandern. Mirko Zimmermann, der für diesen Spaß verantwortlich ist, wurde im Oderbruch geboren und ist hier aufgewachsen. Zusammen mit seinen Ziegen zeigt er seinen Besuchern die schönsten Ecken. Eine Wanderung dauert ca. 3 Stunden.

Mirko Zimmermann
Mittelstraße 11, 16259 Oderaue/OT Altreetz
Tel: 0049 (0)33457 469855
zimmermann-mirko@web.de

Der 66-Seen-Wanderweg
Der 66-Seen-Wanderweg führt auf 416 Kilometern einmal um Berlin herum und zeigt dem Wanderer dabei die schönsten Seiten und die Vielfalt Brandenburgs.
Der Wanderweg ist in 19 Etappen unterteilt. Start- und Endpunkt ist Potsdam. Auf der Route liegen alle brandenburgischen Nationalparks und drei Naturparks. Die Wege im Süden führen durch dichte Nadelwälder über hunderte kleiner Flüsse und entlang Felder und Wiesen. Im Norden hört man das Rascheln der

Blätter unter seinen Füßen, denn die Nadelwälder sind Laubwäldern gewichen. Im Westen dann der freie Blick über die Seenlandschaft und vorbei an zahlreichen Parks, Schlössern, Herrenhäusern und Kirchen. Wer die Wanderung absolviert hat, der kann von sich behaupten er kenne das Berliner Umland.

www.wander-bahnhoefe-brandenburg.de

Der doppelte Boitzenburger in der Uckermark
Dieser Wanderweg durch die abwechslungsreiche Landschaft der Uckermark ist auch für Einsteiger gut geeignet und in einem Tag locker machbar. Die 19 km lange Route führt durch die Ländereien, die einst dem Adelsgeschlecht von Arnim gehörten. Ein Teil der Familie lebte in dem Schloss im Ort Boizenburg, dessen Grundstück den Carolinenhain, einem von Peter Joseph Lenné angelegten Park, und den Tiergarten umfasste. Von hier ausgehend wandern Sie durch die sanfte Moränenlandschaft der Zerweliner Heide, auf eindrucksvollen Alleen, laufen entlang des Waldrandes vorbei an einer kleinen Feldsteinkirche und einem alten Friedhof. Bis sie wieder auf Teilen des Tiergartenrundweges in Boizenburg ankommen. Der Weg ist mit einem gelben Kreuz gekennzeichnet und führt über Boitzenburg – Zerwelin – Naugarten – Berkholz – Boitzenburg.

www.reiseland-brandenburg.de

## DIE SCHÖNSTEN RADWEGE

Spreeradweg:
Immer am Fluss entlang
Rechts glitzert die Spree, am anderen Ufer grast eine Schafherde und irgendwo hört man das Quaken einer Ente. Ansonsten Stille – stundenlang radelt man zwischen Auen und Mooren, vorbei an reetgedeckten Häusern auf dem gemütlichen Radweg entlang, der kaum Steigungen aufweist. Knapp die Hälfte des 410 km langen Spreeradweges, der von den drei Quellen der Spree in der sächsischen Lausitz durch den Spreewald bis nach Berlin führt, liegt im südlichen Brandenburg. Er gilt als einer der schönsten und gleichzeitig einfachsten Radwege Deutsch-

lands. Start ist an der Spreequelle in Eibau (Sachsen) das Ziel ist Berlin.

Für mehr Informationen:
Tourismusverband Seenland
Oder-Spree
Tel: 0049 (0)33631 868100
www.spreeradweg.de

Fürst-Pückler-Radweg:
Auf dem Fahrrad durch die Zeitgeschichte der Lausitz
Die Lausitz ist eine ganz besondere Region in Brandenburg. Jahrhundertelang war der Braunkohlebergbau der primäre Wirtschaftszweig der Region. Der Radweg nimmt einen mit auf eine Reise entlang der Spuren, die der Braunkohleabbau hinterlassen hat, wie imposante Industriedenkmäler, Mondlandschaften, Wasserlandschaften und traditionellen Siedlungen. Gleichzeitig führen die 500 km aber auch vorbei an alten Schlössern, Parkanlagen und durch atemberaubende, unberührte Landschaft. Die Strecke eignet sich für eine 8-tägige Radtour. Startpunkt ist Branitz und Endpunkt ist Cottbus. Die Tour kann aber auch beliebig gekürzt werden.

Mehr Informationen zu der Streckenführung und den einzelnen Etappen erfahren Sie hier:

www.reiseland-brandenburg.de

## DIE SCHÖNSTEMN WASSERAUSFLÜGE

Wer das Berliner Umland erkunden möchte, der muss raus aufs Wasser, schließlich ist es bekannt für seine zahlreichen und atemberaubenden Wasserwege.

Mit dem Kanu durch den Naturpark Uckermärkische Seen (2-Tagestour)
Am besten startet man die Kanutour in der Flößerei von Marcus Thum, der kennt sich in der Gegend wunderbar aus und vermietet außerdem

Kanus. Seit 16 Jahren sind er und seine Familie schon im Geschäft. Eine seiner Lieblings-Kanutouren ist eine etwa 60 Kilometer lange Strecke, die sowohl für Anfänger als auch für Familien mit Kindern geeignet ist.

Die erste Etappe führt über den Großen Lychensee und weiter durch die kleine Woblitz. Der Fluss schlängelt sich durch einen dichten Wald und vorbei an saftigen Wiesen bis zur Schleuse Himmelpfort. Wer die Muße hat, kann hier einen Zwischenstopp machen, das Kanu antauen und sich das ehemalige Zisterzienserkloster angucken. Danach geht es weiter über den Stolpsee in Richtung Havel. Wahlweise kann man das eigene Zelt einpacken und abends sein Lager auf einem der zahlreichen Biwakplätze aufschlagen oder man entscheidet sich für die komfortable Variante und kehrt in Bredereiche in der Gaststätte „Bootshaus" ein.

Am nächsten Tag geht es die ersten 20 km durch ein Naturschutzgebiet. Kurze Zeit später kommt man zur Schleuse Regow. Hier bitte auch noch einmal pausieren, denn am Ufer versteckt sich der Capriolenhof von Sabine Denell und Hanspeter Dill, auf dem es köstlichen Ziegenkäse zu kosten gibt. Gestärkt geht es weiter Richtung Templin, durch die Stadt durch bis zum Netzowsee. Jetzt kommt der unbequeme Teil: Dem Kanu werden zwei Rollen umgeschnallt und dann heißt es 6 km landeinwärts. Am Platkowsee angekommen folgt die letzte Etappe nach Lychen.

Treibholz
Oberpfuhlstraße 3a, 17279 Lychen
Tel: 0049 (0)39888 43377
www.treibholz.com
April – Oktober

Capriolenhof
Schleusenhof Regow 1,
16798 Fürstenberg OT Bredereiche
Tel: 0049 (0)33087 51183
www.capriolenhof.de

Mit dem Floß durchs Havelland
Langsam tuckert das Floß dahin, vor einem die endlos scheinende Seenlandschaft Brandenburgs. Wie weit man heute kommt?! Egal, denn das Bett ist mit an Bord. Sobald die Sonne untergeht oder man sich nach festem Boden unter den Füßen sehnt, kann man einfach anlegen, den Gasherd anschmeißen und das Abendessen am See vorbereiten. Die Pension Havelfloß vermietet Flöße, die bis zu fünf Leuten Platz bieten und ausgestattet sind mit Herd, Kochutensili-

en, Grill, WC, um nur das Wichtigste zu nennen. Es ist eine wunderbare und sehr beschauliche Art, das Berliner Umland kennenzulernen.

Pension Havelfloß
Altstädtische Fischerstraße 2,
14770 Brandenburg an der Havel
Tel: 0049 (0)3381 269022
www.pension-havelfloss.de
Preise: ab 75 Euro

Verladeturm Groß Neuendorf
Der Blick ruht über der zügig dahinfließenden Oder, am anderen Ufer steigen ein paar Graugänse in die Luft und im Hintergrund knistert der Kamin: Der historische Verladeturm ist der perfekte Ort zum Abschalten und die Seele baumeln zu lassen. Die oberen vier Etagen wurden von den Jens Plate Architekten Berlin in eine gemütliche Ferienwohnung verwandelt, von der aus man eine großartige Aussicht auf die Naturlandschaft der mittleren Oder hat. Auf dem unteren Level befinden sich eine Küche und ein Wohnzimmer mit einem offenen Kamin, in der oberen Etage zwei Schlafzimmer. Die Einrichtung ist schlicht, doch die Location einmalig. Zusätzlich stehen auf dem Gelände den Gästen noch fünf historische Bahnwaggons als Übernachtungsmöglichkeit zur Verfügung. Sie parken ebenfalls direkt an der Oder und sind mit großen Panoramafenstern ausgestattet. Die Einrichtung ist liebevoll und skandinavisch minimalistisch.

Hafenstraße 1A, 15342
Groß Neuendorf
Tel: 0049 (0)30 50562471
www.verladeturm.de
Preise: Verladeturm ab 180 Euro,
Waggons ab 50 Euro

Märkisches Landhaus
Umgeben von Wiesen und Wäldern im Naturpark Stechlin liegt das alte Steinhaus von Anne Stolle, das sie 2005 mit viel Liebe und Geschmack zu einem Ferienhaus umbaute. Sorgfältig hat sie darauf geachtet, dass die historischen Details nicht verloren gehen und sie gekonnt mit modernen Möbeln und Accessoires kombiniert. Ein besonderes Highlight, vor allem im Winter, ist die hauseigene Sauna, in der man sich nach einem langen Spaziergang durch die angrenzenden Wälder und Wiesen entspannen kann. Im Wohnzimmer kann man gemütliche Stunden vor dem Kamin verbringen, und eine lange rustikale Tafel lädt zu Abendessen mit Freunden ein.

Forststraße 13, 16775
Großwoltersdorf / OT Buchholz

www.maerkisches-landhaus.de
Preise: ab 130 Euro

## NATURPARKS UND BIOSPÄHRENRESERVATE

Naturpark Nuthe-Nieplitz /
Wildgehege Glauer Tal
Wo einst Sowjetpanzer drüber bretterten, grasen heute Hirsche. Der ehemalige Truppenübungsplatz Glau hat sich in einen der schönsten Naturparks Brandenburgs entwickelt. Ein besonderer Anziehungspunkt ist das Wildgehege Glauer Tal. Das 160 Hektar große Freigehege ist das Zuhause für Rot- und Damwild sowie Mufflons. Man betritt das Gehege durch ein Drehkreuz und kann sich dann auf einen 5 km langen Wanderweg begeben und die Tiere in ihrer natürlichen Umgebung beobachten. Besonders empfehlenswert ist ein Besuch zur Brunftzeit der Rothirsche. Das Röhren der Hirsche ist schon von weitem zu hören. Fernrohre können am Eingang geliehen werden, außerdem kann man sich hier mit einem Picknickkorb eindecken.

Glauer Tal 1, 14959 Trebbin /
Blankensee
Tel: 0049 (0)33731 700460

www.naturpark-nuthe-nieplitz.de
Preise: Eintritt Wildgehege 2 Euro
Ganzjährig 10.00 – 17.00 Uhr

Kräuterkate Glau
Nach der Wanderung durch das Wildgehege sollten Sie in der Kräuterkate von Andrea Mrosko und Nicole-Kristina David-Ulbrich vorbeischauen. Die beiden Kräuterpädagoginnen bieten in ihrem Restaurant viel Leckeres von den umliegenden Wiesen und Biohöfen an, wie Stullen mit Wildkräuterschmalz, Wildgulasch oder Schmandkuchen mit Goldrute.

Weidenweg 6, 14959 Trebbin /
Blankensee
Tel: 0049 (0)33731 700586
Donnerstag – Sonntag 11.00 – 17.00 Uhr

Grumsiner Forst in Brandenburg
Am östlichen Rand des Biosphärenreservats Schorfheide-Chorin liegt einer der wertvollsten Naturräume der Erde: Der Grumsiner Forst. Der alte Buchenwald wurde 2011 in die

Liste des UNESCO Weltnaturerbes aufgenommen. Dabei zählte nicht nur sein wertvoller Baumbestand, sondern auch der Fakt, dass der Wald noch nie gerodet wurde und deswegen viele geschützte und gefährdete Pflanzen- und Tierarten beheimatet. Wer Glück hat kann auf einer Wanderung durch den Wald einen See-, Fisch- oder Schreiadler erspähen oder seine klangvollen Pfiffe vernehmen. Der Grumsiner Forst ist noch so etwas wie ein Geheimtipp, was an seiner versteckten Lage liegt. Die Straße von Joachimsdorf nach Altkünkendorf führt direkt am Rande des Gruminer Forstsees entlang. Von dieser Trasse aus starten mehrere Wanderwege in den Buchenwald hinein.

www.weltnaturerbe-buchenwaelder.de

Das Biosphärenreservat Flusslandschaft Elbe-Brandenburg

Das Biosphärenreservat an der Elbe gehört zur länderübergreifenden „Flusslandschaft Elbe". Das Reservat umfasst einen 400 Kilometer langen Stromabschnitt der Mittelelbe und ist Lebensraum von vielen Tier- und Pflanzenarten, zu denen auch der in Deutschland fast schon ausgestorbene Biber zählt. Außerdem ist es Brutraum für über 200 Vogelarten. Trotz der Wildnis ist die Flusslandschaft leicht zu erschließen. Die Wege entlang der Elbe sind gut ausgebaut und laden zum Lustwandeln ein.

www.flusslandschaft-elbe.de

---

## DIE SORBEN IM SPREEWALD

Wer mit dem Kanu oder dem Rad durch den Spreewald fährt, dem werden vielleicht die zweisprachigen Wegweiser und Hinweisschilder auffallen. Sie befinden sich im Gebiet der Sorben. Die Sorben kamen im 6. Jahrhundert aus den slawischen Nachbarländern in die Region und haben sich bis heute ihre Traditionen und Sprache bewahrt. Im Laufe der Jahrhunderte wurden sie in das deutsche Kaiserreich eingegliedert und mischten sich mit den deutschen Bauern, Handwerkern und Kaufleuten, die es ab dem 12. Jahrhundert in die Region zog. Heute leben noch an die 60 000 Sorben in der Lausitz, von denen leider nur noch wenige sorbisch sprechen. Doch seit einigen Jahren kann die Sprache in Schulen wieder als Unterrichtsfach gewählt werden.

## FESTE UND FESTIVALS

### Das Baumblütenfest
Jährlich zieht es mehrere hunderttausend Besucher auf das Baumblütenfest im beschaulichen Werder an der Havel. Wie der Name schon sagt, findet das Fest jährlich zur Baumblüte Anfang Mai statt. Hauptschauplatz ist die Stadt, in der die Weinbauern der Region ihre Stände aufbauen. Zudem gibt es mehrere Konzertbühnen und Essensstände. Doch auch viele Obstplantagen der Region locken mit Hoffesten und Verkostungen.

www.werder-havel.de

### Brandenburgische Sommerkonzerte
Die Brandenburgischen Sommerkonzerte wurden 1990 ins Leben gerufen, mit dem Gedanken den West-Berlinern ein neues Bundesland zu zeigen. Hochklassige Konzerterlebnisse sollten die Hauptstädter zu einer Landpartie verlocken.

Knapp 25 Jahre sind seitdem vergangen und mittlerweile muss man niemanden mehr ködern. Die Konzerte sind ein voller Erfolg. Um die 35 Konzerte finden jeden Sommer zwischen Juni und September in den unterschiedlichsten Locations statt, wie Kirchen, Schlössern, Parks und auf Dorfplätzen.

www.brandenburgische-sommerkonzerte.de

### Internationales Opernfestival in Rheinsberg
Jedes Jahr bekommen junge Künstler bei einem internationalen Gesangswettbewerb der Kammeroper die Möglichkeit, sich für das internationale Opernfestival in Rheinsberg zu qualifizieren. Die Auserwählten studieren gemeinsam mit Mentoren Opernpartituren ein, die sie

im Juli/ August auf dem Festival in Rheinsberg vorführen. Zu den Mentoren der jungen Sänger zählten in den vergangenen Jahren namhafte Dirigenten und Regisseure, wie Daniel Barenboim, Harry Kupfer, Kurt Masur und Christian Thielemann. Hauptspielort des Festivals ist das Schlosstheater. Des Weiteren finden Open-Air-Vorführungen inmitten der wunderbaren Parklandschaft des Heckentheaters sowie im Schlosshof mit Blick auf den See statt. Viele der jungen Talente, die hier bereits auftraten, sangen in den folgenden Jahren für die großen Opernhäuser weltweit.

16831 Rheinsberg
Tel: 0049 (0)33931 7250
www.kammeroper-schloss-rheinsberg.de

## PERSÖNLICHKEITEN

### Theodor Fontane (1819-1898)

Theodor Fontane wurde 1819 als Sohn eines Apothekers geboren. Seine Eltern waren hugenottischer Herkunft. Nach der Schule trat er für einige Jahre in die Fußstapfen seines Vaters, bevor er sich entschloss, den Apothekerberuf aufzugeben und als Schriftsteller zu arbeiten. Von 1855 bis 1859 lebte er als Korrespondent für die Zentralstelle für Presseangelegenheiten in London. Mit dem Regierungswechsel in seinem Heimatland erhoffte er sich auch eine Liberalisierung und kehrte nach Deutschland zurück. Jedoch fand er keine Anstellung als Redakteur, weshalb er sich mit großem Erfolg als Reisejournalist versuchte. Im 19. Jahrhundert konnten es sich die wenigsten Leute leisten selber zu reisen und verschlangen darum geradezu Berichte von fernen Ländern und Abenteuern. In den letzten Jahren seines Lebens widmete er sich fast ausschließlich der Arbeit als Schriftsteller und schrieb neben seinen Reisebeobachtungen Romane. Fontane steht für den deutschen poetischen Realismus. In seinen Romanen und Schriften widmet er sich detailliert einzelnen Charakteristiken und Verhaltensweisen, die oft eine Kritik an der Gesellschaft an sich implizieren. Des Weiteren ist er berühmt für seine realistischen und wunderschönen Landschaftsbeschreibungen, die *Wanderungen durch die Mark Bran-*

*denburg*, die Neuruppin und das Havelland über die deutschen Grenzen hinaus bekannt gemacht haben.

Herr von Ribbeck auf Ribbeck im Havelland (1.Strophe), Theodor Fontane
Herr von Ribbeck auf Ribbeck im Havelland / Ein Birnbaum in seinem Garten stand / Und kam die goldene Herbsteszeit / und die Birnen leuchteten weit und breit / Da stopfte, wenn's Mittag vom Turme scholl / Der von Ribbeck sich beide Taschen voll / Und kam in Pantinen ein Junge daher / So rief er: »Junge, wiste 'ne Beer?«
Und kam ein Mädel, so rief er: »Lütt Dirn / Kumm man röwer, ick hebb 'ne Birn.«

Bernd Heinrich Wilhelm von Kleist (1777 – 1811)
Heinrich von Kleist wurde 1777 in Frankfurt als fünftes Kind einer Familie geboren, die dem pommerschen Uradel angehörte. Nach dem Tod seines Vaters wurde er in einer Berliner Pension erzogen und gebildet, kehrte jedoch für sein Studium der Mathematik, Physik, Kulturgeschichte und Latein an die Viadrina in Frankfurt (Oder) zurück. Doch bereits nach drei Semestern brach er das Studium wieder ab, da ihm das Buchwissen nicht ausreichte. Er war ein Vertreter der freien Geisteshaltung, die er weder an der Universität noch im Staatswesen sah. Mit dieser Haltung stieß Kleist im 18. Jahrhundert auf wenig Verständnis. Diese Position des Außenseiters, der nicht verstanden wird, zieht sich auch durch seine gesamte literarische Karriere. Er war weder Vertreter der Romantik noch im Klassizismus zuhause, sondern vielmehr immer eine Klasse für sich. Zu Lebzeiten erlangte sein Werk wenig Ruhm und wurde teilweise sogar verboten, wie das Schauspiel Prinz von Homburg, das mit einem Aufführungsverbot belegt wurde. Entmutigt und verarmt nahm Kleist am 21. November 1811 zuerst der an Krebs erkrankten Henriette Vogel und dann sich selbst das Leben am heutigen Kleinen Wannsee.

Kleistgrab am Kleinen Wannsee
Bismarckstraße 2-4, 14109 Berlin

Karl Friedrich Schinkel (1781 – 1841)
Schinkel ist der Meisterarchitekt Berlins und Brandenburgs. Kein anderer prägt die architektonische Landschaft dieser Region so sehr wie er. Er wurde 1781 in Neuruppin geboren und verbrachte dort die ersten Jahre seiner Kindheit. Nach dem Tod seines Vaters zog er 1794 mit seiner Mutter und seinen Geschwistern nach Berlin. Zu dem Entschluss Architekt zu werden, kam Schinkel nach dem Besuch einer Ausstellung von Friedrich Gilly, einem damals jungen aufstrebenden Architekten, der später sein Lehrer werden sollte. Nach dem Gymnasium wurde Schinkel Schüler von Friedrich und seinem Vater David Gilly und schrieb sich zusätzlich an der Berliner Bauakademie ein.

1803 unternahm Schinkel seine erste Italienreise – eine Reise, die sich in seinen Bauten und Bildern widerspiegelt. Neben der Architektur widmete sich Schinkel erfolgreich der Malerei, 1811 wurde er zum Mitglied der Berliner Akademie für Künste berufen und nur vier Jahre später zum Geheimen Oberbaurat ernannt. Seine Aufgabe war es, Berlin in eine repräsentative Hauptstadt für die Preußen umzuwandeln sowie sich dem Rest Preußens anzunehmen. In den Jahren, die nun folgten, war Schinkel nicht mehr aufzuhalten. Er baute die Königswache, das Schauspielhaus und das Alte Museum in Berlin, wurde zum Professor der Baukunst berufen und Senatsmitglied der Akademie der Künste zu Berlin.

1838 erreichte Schinkel den Höhepunkt seiner Karriere, als der König ihn zum Oberlandesbaudirektor auserkor. Von diesem Zeitpunkt an schrieb Schinkel Architekturgeschichte. Sein klassizistischer Stil wurde der Stil Preußens.

Zu seinen bedeutendsten Bauten gehören das Schauspielhaus (1819–1821) auf dem Berliner Gendarmenmarkt, das Schloss Klein-Glienicke und das Schloss Charlottenhof in Berlin, die Römischen Bäder und das Schloss Babelsberg in Potsdam.

## BUCHTIPPS

„Wanderungen durch die Mark Brandenburg" von Theodor Fontane

Die Werke von Theodor Fontane sind ein Muss für jeden, der das Berliner Umland näher kennenlernen möchte. In seinen Werken schildert er eindrucksvoll die Natur und Menschen Brandenburgs. Besonders intensiv setzt er sich in dem Fünfteiler *Wanderungen durch die Mark Brandenburg* mit seiner Heimatregion auseinander. Jeder Band ist einem Teil Brandenburgs gewidmet und erzählt von ihrer Landschaft, von Orten, Schlössern, Klöstern und ihren Menschen:

Band I: Die Grafschaft Ruppin
Band II: Das Oderland
Band III: Havelland
Band IV: Spreeland
Band V: Fünf Schlösser

„Der Stechlin" von Theodor Fontane

*Der Stechlin* ist Fontanes letztes Meisterwerk, entstanden in den Jahren 1895 bis 1897. Als Handlungsort hat Fontane wieder seine Heimat Neuruppin und Umland gewählt. Der Protagonist des Romans ist Dubslav von Stechlin, dessen Nachname vom nahe gelegenen Stechlinsee entnommen ist. Die Romanhandlung rankt um seine Familie, doch es stehen keine großen Ereignisse im Vordergrund, sondern vielmehr Konversationen und Beobachtungen über die Umgebung und die in ihr lebende Gesellschaft. Um die Handlung mit Fontanes Worten zu beschreiben: „Zum Schluss stirbt ein Alter und zwei Junge heiraten sich. Das ist so ziemlich alles, was auf 500 Seiten geschieht."

Doch auch wenn nicht viel Dramatik in der Handlung steckt, es geht um die leisen Zwischentöne und die Einblicke, die der Autor dem Leser gewährt und die vor seinem Inneren Auge ein komplexes Porträt der Region und ihrer Bewohner entstehen lassen.

„In Zeiten abnehmenden Lichts" von Eugen Ruge

Mit seinem Roman *In Zeiten abnehmenden Lichts* reiht Eugen Ruge sich ein in die Riege der großen Deutschlandromanciers.

Ruge schildert das Schicksal einer deutschen Familie mit sozialistischen Gesinnungen über vier Generationen. Angefangen bei den Großeltern, die als überzeugte Kommunisten während des Nationalsozialismus ins Exil nach Mexiko gehen. Die Folgegeneration in Form des Vaters zieht es zurück nach Deutschland, wo er unter Stalin ins sowjetische Lager verbannt wird. Nach seiner Entlassung wird er zu einem der einflussreichsten Intellektuellen in der DDR. Ganz anders sein Sohn, der mit der Welt seiner Eltern und Großeltern nichts anfangen kann und sich nach den freien Werten des Westens sehnt. Noch vor dem Fall der Mauer flüchtet er aus dem Land.

Der Roman erzählt von dem ideologischen Verfall des Sozialismus und führt dabei von Mexiko über Sibirien und die DDR in die Bundesrepublik und schließlich in das wiedervereinte Deutschland. Große Teile des Romans spielen in Potsdam und geben ein eindrucksvolles Bild von der Stimmung wieder, die auf diesem besonderen Stück Erde in diesen Jahren herrschte.

Ruge macht die deutsche Geschichte als Familiengeschichte erlebbar und wird dafür mit dem Deutschen Buchpreis 2011 ausgezeichnet.

„Kruso" von Lutz Seiler

Lutz Seiler hat das beste deutschsprachige Buch des Jahres 2014 geschrieben und gleichzeitig seinen ersten Roman. Für den Aussteigerroman *Kruso* wird der Fünfzigjährige 2014 mit dem Deutschen Buchpreis ausgezeichnet. In *Kruso* schlägt Seiler den Bogen vom Sommer 89 bis heute. Er erzählt von der Freundschaft zwischen dem Erzähler Edgar Bendler und Alexander Krusowitsch, genannt „Kruso". Edgar flieht nach dem tragischen Tod seiner Freundin auf die Insel Hiddensee. Hier hofft er zu vergessen. Er arbeitet in einer Gaststätte als Tellerwäsche. Die Insel ist eine der Hochburgen des DDR-Tourismus. Jahrelang muss man auf eines der begehrten Fährtickets warten. Neben den Touristen-Massen existiert eine Parallelgesellschaft, bestehend aus gestrandeten Hippies, deren Anführer Kruso ist. Traumatisiert von dem Schicksal seiner Schwester, die ihn als Kind auf der Insel zurückließ, um über die Ostsee in die Bundesrepublik zu gelangen, hat er es sich zur Mission gemacht, Flüchtende vom Gegenteil zu überzeugen und ihnen das geheime, wilde Hippie-Inselleben schmackhaft zu machen. Doch dann kommt der Herbst 1989: Das Leben aller Inselbewohner ändert sich schlagartig und ein Kampf auf Leben und Tod beginnt.

## FILMTIPPS

"Spreewaldkrimi"
Die Fernsehserie *Spreewaldkrimi*, ausgestrahlt im ZDF, hat mittlerweile Kultstatus erreicht und die Presse überschlägt sich mit Lob. Hauptdarsteller ist Christian Redl, der den stoischen Kommissar Krüger spielt. Fall für Fall muss er sich mit den dunklen Seiten der Menschheit und den kauzigen Eigenarten der Spreewälder herumschlagen. An seiner Seite sind weitere hochkarätige Schauspieler zu sehen wie Anna Maria Mühe und Thorsten Merten. Neben der gut erzählten Handlung, die sich deutlich vom deutschen Standard absetzt, begeistert die Serie mit tollen Landschaftsaufnahmen.

## MEINE PERFEKTE WOCHE

Montag:


Dienstag:


Mittwoch:


Donnerstag:


Freitag:


Samstag:


Sonntag:

# NOTIZEN

# NOTIZEN

# NOTIZEN

# NOTIZEN

## NOTIZEN

### LUST AUF DAS WELTWEIT BESTE?

Die Buchreihen „Ein perfektes Wochenende …" und „Eine perfekte Woche …" werden vom Online-Travelguide www.smart-travelling.net in Kooperation mit Süddeutsche Zeitung Edition herausgegeben.

Auf smart-travelling.net gibt es:

- Handverlesene und aktuelle Tipps und Adressen für über 50 Städte und 34 Regionen
- Blog mit kulinarischen Highlights und spannenden Interviews
- Direkte Buchungsmöglichkeit von Hotels

## Reisen Sie mit uns um die Welt!

 facebook.com/smarttravelling

 instagram.com/smarttravelling